孙凌 ——————— 著

觉醒
认知

从学生到职场达人的必读指南

中国纺织出版社有限公司

内 容 提 要

许多在校大学生对未来感到迷茫，不知道如何规划自己的职业生涯：是就业，还是创业。这种所谓的迷茫是由思维、认知决定的。作者将自己多年的读书、写作、学习、创业、工作经历梳理成这本书，帮助读者认识世界、培养正确世界观、洞察职业发展的底层逻辑。本书包含七方面内容：认知破局、底层逻辑、个人品牌、写作输出、沟通表达、职场思维、创业思维，内容层层递进，不仅介绍了职场新人向管理者的转型跃迁路径，还介绍了创业者应具备的创业思维，值得职场人士和创业者阅读收藏。

图书在版编目（CIP）数据

觉醒认知 ：从学生到职场达人的必读指南 / 孙凌著 .

北京 ：中国纺织出版社有限公司，2025.7. -- ISBN
978-7-5229-2808-1

Ⅰ. G647. 38-62

中国国家版本馆 CIP 数据核字第 2025HF5795 号

责任编辑：杨宁昱　　责任校对：高　涵　　责任印制：储志伟

中国纺织出版社有限公司出版发行
地址：北京市朝阳区百子湾东里A407号楼　邮政编码：100124
销售电话：010—67004422　传真：010—87155801
http ://www.c-textilep.com
中国纺织出版社天猫旗舰店
官方微博 http ://weibo.com/2119887771
天津千鹤文化传播有限公司印刷　各地新华书店经销
2025 年 7 月第 1 版第 1 次印刷
开本：880×1230　1/32　印张：7
字数：129 千字　定价：58.00元

凡购本书，如有缺页、倒页、脱页，由本社图书营销中心调换

前言

大家好，我是孙凌。从小到大，我都普普通通，不是家长口中"别人家的孩子"。2014 年，我毕业于一所普通高校。本科毕业时，我听从父母的建议，通过考试获得了一份所谓"铁饭碗"的工作。然而，三个月后我毅然离开了体制内的工作，回归自己的创业项目。

在十多年的时间里，我都在与以大学生为主的年轻群体打交道，成为"在行"平台校园市场领域的行家，我相信我的经历及见识能够对在校学生及职场新人有所帮助。

我的创业经历还要从我在大学期间的经历说起。2010 年，我从米聊的校园大使接触到大学生市场，那一年小米公司刚成立，小米第一代手机还未推出，我的主要工作是在学校推广米聊 App，在手机还是半智能的时代，可以想象推广手机应用程序有多困难。

在随后的几年里，各种 App 地推火热，大学校园成为主战场之一，而我开始从线下创业，如咖啡店、画材店，转到线上做校园论坛，开校园新媒体工作室，和很多大学生一样，一刻未曾停歇。

2014 年，我参与超级课程表项目，并担任副总裁。项目先后获得红杉资本、阿里巴巴高达数千万美金的投资，一时之间风光无限，超级课程表也在大学生群体中成为明星产品。但在 A 轮、B 轮的顺利融资之后，我们的 C 轮融资遇到了问题，用户量的增长速度也到了瓶颈，开始从山顶坠落，超级课程表项目饱受质疑。如今，这个项目已无太多人关注，而圈内人对它的记忆也只停留在一群"90 后"在央视舞台上夸夸其谈的画面。

2016 年初，我从广州回到武汉，开始思考自己作为校园业务从业者，到底给学生带来了什么。于是我和志同道合的团队成员们一起探索大学生的职前培训项目。虽然我们 A 轮融资获得了1100 万元，但是对于教育这件事，我们还是太缺乏敬畏之心，以致项目最终未能达到既定目标。

2016 年底，我停止创业来到了北京，分别在美团外卖、智联招聘、贝壳找房、京东零售等大公司负责校园模块业务。有人戏称我是在"打怪升级"，也有人觉得我沉溺于当"孩子王"。但在每一份校园工作中，我都在消除自己的认知盲区，对不同行业有了新的理解。至此，我也明白了自己曾经多么无知，并且开始心存敬畏。

这些年，我误打误撞地一直围绕学生群体工作，线下去过300 多所高校，接触过上万名大学生，曾被媒体称为最懂大学生人群的"90 后"，虽然世界如今早已是"00 后"的天下。

我虽然在智联招聘工作了近四年，但却不认为大学给学生赋予的意义仅仅是如何找一份好的工作。许多在校大学生向我倾诉自己对未来的迷茫。尤其是一些在校期间就小有成绩的同学，在毕业的时候却无比纠结，不知道如何规划自己的职业生涯：是创业，还是就业。比较遗憾的是，不少同学在毕业一年的时间里换了两三次工作，却依然找不到方向。

相比于双一流高校的学生，绝大部分学生和我一样，毕业于普通高校，在求职时常感到自卑，认为自己与名企之间有一道不可跨越的鸿沟。

许多职场人也会有同样的感慨，加班已经变成日常，而能力与收入却迟迟没有增长；即使已经到了一定职级，面对大环境的变化，也开始如履薄冰，如今，更担心自己的工作会被人工智能所取代。

其实这种所谓的迷茫是由思维、认知决定的，而不是年龄。华为创始人任正非，或者 90 岁的巴菲特，还活跃在投资市场的一线，洞察各种商业信息。每个人只有认识自己所处世界的真实面貌，持续洞察底层逻辑，才能拥有良好的世界观，规划自己的发展方向，在 AI 的加持下，成为超级个体不再是空话。

认识世界、洞察事物的底层逻辑、培养正确世界观的方法可能有很多，我替你找到的那把万能钥匙就是批判性思维。

我将自己多年的读书、写作、学习、创业、工作经历梳理成这本书。本书包含七方面内容：认知破局、底层逻辑、个人品牌、写作输出、沟通表达、职场思维、创业思维，内容层层递进，希望读者能够有所收获。

认知破局章节讲述了如何破除迷茫，在 AI 时代如何拥抱技术变革；在底层逻辑章节里，我希望让读者能用批判性思维，打破固有认知；在个人品牌章节里，我会结合自己的实操经验，讲述如何拥有个人品牌；而写作、沟通两个章节更具实操性，让你快速拥有这两项实用技能；最后两章为职场思维和创业思维，职场这一章介绍了从职场新人转型跃迁为管理者的路径，而最后一章讲述了我一直提倡的思想，即职场人都应该习得的企业家精神。

孙　凌

2025 年 1 月

目录

第三章　打造个人品牌

第四章　你的人生需要写作

第五章　沟通表达进阶

第一章

个体认知破局

我们为什么读书

无论是网上的一些文章，还是闲聊时的吐槽，你接收到的一些信息，可能会让你觉得，自己经历的基础教育，大部分只是应试，没太多实际作用。而单从收入角度来看，几十年前就有一句话：造原子弹的不如卖茶叶蛋的。

这些年大学生毕业求职遭遇难点，按照出生人口的数据，未来十五年，难度可能还将持续增加，直至顶峰。毕业生叫苦不迭，读书无用的言论死灰复燃。但读书自然不会真的无用。很多人也正是因为读大学，离开所在的小城市，来到大城市里生活几年，看到了不一样的世界。

大学决定你接下来几年在哪度过，结交到什么朋友，以及毕业后第一份工作的起点高低。而大学教育确实帮助了很多人实现跃迁，他们从草根跃升至行业精英，从普通人成长为中产。当然，如果想仅仅依靠大学的几年时间让自己的未来一帆风顺、高枕无忧是不现实的。我曾给在校大学生讲过，大学绝对不是仅仅教大家如何找工作的，花三年、四年甚至更多时间去学习求职这件事，并不值得。

曾任美国耶鲁大学校长20年之久的理查德·莱文曾说过："不传授任何知识和技能，却能令人胜任任何学科和职业，这才是真正的教育。"在他的演讲集《大学的工作》中，还有这样一句话："耶鲁致力于领袖人物的培养，本科教育的核心是通识，是培养学生批判性独立思考的能力，并为终身学习打下基础。"

大学的意义，在我看来就是让大家学会独立思考、养成批判性思维，做一个独立、人格健全的成年人。而无论毕业后，选择就业还是创业，认知是一切的前提，正如一个企业的边界就是创始人的认知边界。

我曾有幸去世界第一所大学意大利博洛尼亚大学参观访问，这所学校建立于1088年，与法国巴黎大学、英国牛津大学、西班牙萨拉曼卡大学并称欧洲四大名校，被誉为"大学之母"，但丁、哥白尼都曾在此任教。早期这所大学只有两类授课模式，一类是讲座，另一类是辩论。

讲座就是老师讲、学生听，这种模式流传至今，但遗憾的是，另一种模式——辩论如今已被许多大学舍弃，让学习从主动探索变成了被动接受。尤其是工业时代到来后，大学开始生产批量化的同质"产品"，在我们已经步入AI时代后，这样的学习方式值得警醒。

有管理学家说，人在企业内部不过是一个角色，发明流水线生产方式的福特甚至抱怨：我要的是一双手，怎么来了一个人。

或许以上观点在工业时代能够适用，但在当下，一家企业如果轻视人的价值，扼杀创新，绝对是自取灭亡。

首先，我们的老祖宗在《大学》一书中也曾写道："大学之道，在明明德，在亲民，在止于至善。"读书的道理，在于彰显人人本有的光明德行，再推己及人，使人人都能去除污染而自新（亲民），而且精益求精，做到最完善的地步并且保持不变。

其次，比起具体的知识、技能，我们在大学读书期间学习到得更为核心的东西是正确认知这个世界的能力，并形成一套自己的思维方式，让我们能够明辨是非，变成一个独立自主而非人云亦云的人。正如我在做分享的时候，一些同学会提出不同的想法和观点，这就是独立思考的体现之一。因此，读书，上大学，不仅让人获取技能，增加成为精英的可能性，还培养了人正确看待世界的能力。

最后，实现圈层跃迁，需要提高自己格局和见识，而方法之一就是和比自己强的人在一起。读书去一所好大学，毕业去一个好城市，很大的原因都是因为在那里更容易结交到更强的人，向他们学习，增长更多的见识，获得更多的机会。

如何消除迷茫

很多朋友时常因为感到迷茫而向我倾诉。其实我自己偶尔也会陷入迷茫。迷茫的原因是对未来的不确定，而更本质的原因是我们对未知结果的恐惧：担心自己的选择、自己的付出无法获得理想的结果，导致迟迟无法开启行动。

简而言之，就是：想得太多，却做得太少。

比如进入大学后，要不要换专业、要不要创业、要不要选择保研留学，或是考研考公等问题，看似是选择题，其实只要你稍微行动下，便可以知道自己更适合什么。例如，在未来发展方向尚不明确，还在犹豫是否考研时，你完全可以花三个小时做套考研真题，看看自己对考试是否有感觉，就能更好的做出判断。

毕业后进入职场，面对行业的选择，以及想要离职的纠结，你完全可以在保留主业的同时，先以副业的形式进行一段时间的尝试。依据行动得到的结果反馈，再做出最终的决定，看是否要转换行业赛道、更换公司，甚至自己创业。

大多数人面对很多选择感到纠结的时候，就如同孩提时纠结长大了应该上清华还是北大，但这两个选项很多人长大以后压根都无需考虑。生活中大部分的迷茫也是由于想得太多，对未发生的事情过于担心。

退一步说，哪怕做错了选择，也代表不了什么，人生本就是一场马拉松，除了生死无大事。当你回顾自己过往的人生，经历过许多事后，如今再看，"轻舟已过万重山"。

高考很重要，第一份工作很重要，婚姻很重要，孩子教育很重要，哪怕购买一件商品，都有无数人提建议，那么你应该如何做？

破解迷茫的方法，就是立刻开启行动。有了行动之后，你会发现许多路对于自己压根儿就是"此路不通"，于是不必再纠结。而一些路你尝试了，虽然一开始可能不那么看好，却可能会成为你的长期奋斗目标。

比如我自己，在大学期间，成为小米的校园大使，进入校园市场，跟许多大学生打交道之后，越发坚定，自己应该给学生带来些什么。人在年轻时找到自己的使命，其实是一件极其幸福的事。

不过，需要说明的是，第一，感到迷茫也并不完全是一件坏事，这恰恰证明你开始独立思考了。第二，种一棵树，最好的时机是十年前，其次就是当下，如今重新开始，一切都未晚。

你是否会选择认命

当看到"认命"二字时，你可能会想：怎能如此消极。但我想表达的是，认命代表我们接受事物的不完美，接受自己只是普通人的现实。人需要去除一些妄念，认清我们自己的能力边界，对这个世界心存敬畏。

人们一度相信人定胜天，人类可以运用物理学定律，去探索未知的事物。19 世纪末，全世界最伟大的物理学家们欢聚一堂，认为已经找到了物理学的所有原理，找到了上帝给这个世界定下的所有规则，只剩下两朵小小的乌云未解。但不承想这两朵乌云演变出了相对论和量子力学，改变了 20 世纪乃至当下的世界格局。

人贵在自知，只有认清现实的人，才不会恃才傲物，才能不活在从小到大父母、老师营造的虚拟世界里。

大公司里的职场人，往往在离开平台后一段时间，才会感觉到自身的渺小。你会意识到自己不是世界的中心，没有几个人会一直关注你，你也会感受到，世界上有许多不公平的地方，你会知道并非自己想要的都能够实现，这种无力感打碎了自己的玻璃心。

股神巴菲特清晰地认清自己的边界，因为不懂而舍弃了微软、苹果的高速增长期，但依然创造出了伯克希尔哈撒韦几十年的投资神话。

可见，认清现实，但不代表我们接受平庸。罗曼·罗兰曾说，世界上只有一种英雄主义，那就是在认清生活真相后依然热爱生活。

这个世界里真正的精英人士，无一不是认清生活现状还保持热爱生活的人。身处高位的人也有自己的痛苦。例如，创业成功其实只是小概率事件，但美团创始人王兴在《九败一胜》一书中说，只要创业者不下牌桌，终究有成功的机会。

有人年少有为，有人中年创业，年老才获得一定成就。每个人都有自己的闪光时刻，我们需要做到的恰是永不止步。对于努力向上的人而言，可以收获的就是问心无愧、不留遗憾，金钱也确实不是人生的全部。

对于成年人而言，一方面我们要认清现实，学会"认命"；另一方面我们更需要"尽人事"，不要让未来的自己感到后悔和遗憾。

人生很短，不过三万多天，既然我们终将失去，那不妨大胆一点，别把后果看得太重。攀一次山，爱一个人，追一次梦，感受一次竭尽全力的努力！

什么是认知

为什么面对同一件事，有人觉得是难题，但有人却能找到机会，这是因为每个人的认知不同，而认知受制于一个人的见识和思维模型。

我很认同猎豹董事长傅盛的一句话：认知，几乎是人和人之间唯一的本质差别。技能的差别是可量化的，而认知的差别却是本质的，难以量化。面对外部变化，只有提升自身的认知水平，才能让我们做出更好的决策。

那么，如何提升自己的认知，我拆解为见识和思维：用行动增长见识，用基础学科训练自己的批判性思维。

1. 提升见识的三个路径

如果说人生是一道道选择题，你想每次都选到最佳答案，那么需要提升认知，而认知基于你的见识和思维模型，见识由你接收到的信息量多少来决定；思维模型则是思考方式，需要你刻意练习去锤炼。

　　能快速弥补我们自身不足的是见识。每个人其实都花了很长时间去学习，而你的见识，则决定你会去学习哪些技能。一个有见识的人，看事情往往能看得更透彻，遇事也能瞬间做出应答。增长见识的三个路径是：阅读、旅行、与牛人交流。

　　阅读是站在巨人的肩膀看世界。一本书从写作到出版要经过多次打磨，作者会把毕生所学浓缩进书本。而书籍在出版前，还要经历出版社编辑老师的三审三校。对于读者而言，购买一本书可谓物超所值。

　　旅行，而非旅游，这两者在我看来有所不同。前者是求知、研学，而后者带有游玩性质。去到陌生的地方，感受当地的风情、文化，也是这两年比较火的一个词"文旅"。当你去一个未曾到过的地方，这个地方的一切与自己大脑里幻想的场景形成呼应或碰撞，会让你产生不一样的感觉，可能是满足，也可能是疑虑，还有可能是失望。我曾参加过几次游学活动，很有收获。走进企业、走进高校，能对他们有更为深入的了解，打破一些刻板印象。未毕业的大学生则可以在假期约上同学，去其他城市，体验当地人的生活。每个城市的博物馆是我必推的景点，因为它能让你了解一个地方的历史和文化。

　　如果说阅读是与作者的灵魂交流，旅行是和三观一致的人经历一段旅程，我们还可以选择与牛人来一次面对面的交流。因为，一个人的层次，由最亲近的几个人所决定，我们所在的圈子，决定了获取信息的广度和深度。如果你现在觉得自己比周围人强上很多，那也要警醒了，这说明你所在的圈子可能已经不能支撑你更快地发展了。

如果经济条件允许，我建议你去尝试付费咨询，但前提是学会如何提问，提问也是一项能力。

2. 如何训练自己的思维模型

思维模型是人们用于思考、分析和解决问题的一种认知工具或框架，它可以帮助人们更高效地理解世界、做出决策和解决问题。而最典型的思维模型，就是我们中学期间习得的那些知识。

我记得小时候做数学题，遇到鸡兔同笼问题，以及水池里一边放水一边进水之类的题目，刚学会解题时很有成就感。可是这些场景仅仅是为了做题而做题，现实生活中哪会存在这样的场景。还有后来学习各种复杂的方程式，如今出门购物，付款方式都是扫码，完全不涉及那些复杂的计算。但这些知识实际上训练了我们的思维方式，并潜移默化地对我们的底层思维逻辑造成影响。在个体的日常决策方式上，最为明显的就是文科生、理科生的行为差异。或许你忘记了公式定理、文学词汇，但是思维模型却已植根于内心。

训练自己的思维模型是一个长期的过程，需要从学习基础知识入手，通过刻意练习和实际应用不断强化。

比如，几何学的伟大意义，在于通过虚构的点、线、面概念去解释这个世界，深度钻研数学的人大多具有更好的逻辑思维能力，这正是数学之美。当你解开那一道道现实生活中并不常见的问题时，反复训练的除了答题能力，还有自己的思维模型，形成理性推导的肌肉记忆。

从远古时期开始，人类就想弄懂天上星星如何运转，但长期的观察，绘制出的却是无法找到规律的轨迹，因为当时的人是以地球为中心。解释最缜密的是托勒密，他通过几十个圆圈去描述星星的运转方式。但哥白尼的日心说却用一个椭圆方程式就解释了星星运转的方式，甚至依靠这个数学模型，科学家还成功找到了海王星。

公理化思维告诉我们，逻辑比事实更重要，如果事实与逻辑不符合，那一定是所谓的事实错了。当你持续努力看不到结果时，不妨审视下自己的努力的方向、方式是否正确。如果一切都符合逻辑，请一定不要放弃，全力击穿临界点，期待破茧重生。

在职场里，好的业务动作，也受益于数学带来的公理化思维，职场高手和平庸者最大的区别之一，在于能否梳理出业务SOP（标准化作业流程），并进行规模化复制。

你还可以尝试运用不同的思维模型去解读和解决问题。比如，分析商业案例时，可以运用波特五力模型来分析行业竞争态势，用价值链分析模型来寻找企业的竞争优势；分析社会现象时，可以运用系统思维模型来理解现象背后的复杂关系。

持续成长的关键是终身学习

20 世纪八九十年代，我国国有企业改革中，一大批人下岗，这对于他们好似天塌了一般，但时代的车轮就是这么无情，历史还在重演。

随着人工智能时代的到来，工作岗位在未来有很大的概率会不断更换调整。既然不能改变时代进程，不如主动拥抱变化，在变化中获取机会。这就倒逼我们持续成长。

如今在日常生活里，购物扫码，用手机点外卖、打车等，已成为很自然的动作，而上述场景其实不过出现于近十年内。

2014 年，网约车大战正酣，当时除了滴滴外，还有快的、优步等多家公司涌现，对于手机打车这件事，许多人还是半信半疑。十年后的 2024 年，萝卜快跑无人车已经在多个城市测试了几年时间，并在武汉、重庆开始了规模化投放，这不可避免地又受到大量的质疑。

这让我想起了英国科幻作家道格拉斯的科技三定律：

①所有在我出生之前就已经发明出来的东西都是理所当然的。

②所有在我 15—35 岁之间发明的东西注定是要改变世界的。

③所有在我 35 岁之后的发明都是反人类的。

如今我的年龄还处于第二个阶段，人们对于 AI 浪潮的热衷度远不如当初对移动互联网的热情，但 AI 的发展注定会对人类未来发展产生巨大影响。

我的策略则是逼迫自己入局。ChatGPT 在 2023 年的春节爆火后，我当年参与制作了一款 AI 论文辅导工具，次年又在 AI 面试软件上发力，由此，AI 与我的工作息息相关，便不得不去使用了。

在职场里，想要升职加薪也是如此，你努力的方向不再是简单胜任当下的工作，而是具备更高阶职位所需要的能力。一个人真的步入老年，年龄、身体机能只是一方面，更主要的是停止了学习，这将使人与社会生存所需要的新技能失之交臂，致使其无法独立生活。

所以，面对一些人对学习价值的质疑，我会抛出自己的观点：学习的本质是为了更好地生存，更好地适应社会发展。

我特别认可芒格的一句话，一个人想要得到一件事物，得让自己先配得上。如果你想追求一位女生，一定是被其某点魅力吸引。与其成为一名追求者，不如先提升自己，让自己足够优秀，拥有与其同等对话的资格，喜欢蝴蝶不用去追，安心种花即可。

如何做出不后悔的选择

　　做出不同的选择，都会让我们的人生走向不同的方向。对于大多数人来说，我推荐的选择技巧就是去追逐不适感。

　　由于做大学生业务，我接触到很多大学生，他们常抱怨迷茫，因为从进入大学开始，人要独立做出许多选择。比如，是否竞选班委、是否加入社团，是否参加各种赛事活动，是否要更换所学专业，以及是否要尝试做做兼职等。

　　而在进入大学两年之后，学生需要思考是否要准备考研，或者考公务员；求职的话去北上广深还是留在当地，是去新一线城市找机会，还是进行自主创业。

　　我从大学期间创业到如今成为职业经理人，我特别害怕自己陷入舒适区，之所以称为陷入，是因为大多进入舒适区的人自己并不知晓，也无法靠自己走出来。

　　我们总习惯说：等到上大学就好了，等到工作就好了，等到退休就好了，似乎度过当下阶段，就能获得所谓的幸福。但人生每个阶段都有相应的"磨难"，这些磨难其实正是陌生感带来的不适应。人天生喜欢确定性，但现实生活中，诸多事物都暗藏着不确定性，而我们却很难获得确定的答案，这是需要认清的现实。因此我们不如主动追逐不适感，主动走出舒适区。

追逐不适感，并不是主动找虐的行为，而是适合大多数普通人向上的重要路径。

当我们面临抉择时，一方面大家注意这个选择是否会让自己太安逸；另一方面可以转换时间视角，想象十年、二十年后的自己是否会对当下的决定感到后悔。

我此前线下给大学生分享的时候，常提到自己大学暑假在家的例子：早上选择睡懒觉还是早起跟父母一起吃个早餐，这是一个选择题，但三十年、四十年后，可能后一个选项压根儿不存在了，当下如何选择一目了然。

跨越时间维度去思考选项，是我给大家的一把万能钥匙。

关注单位时间产出

为何有人一小时赚 20 元，有人一小时赚 2000 元，甚至更多，为何能有一百倍的差距？这是因为不同的人在单位时间里创造的价值不同。想去提升单位时间的收入产出是一个综合性的过程，需要从提升自身价值、优化工作策略、开拓多元收入渠道等多个方面入手。

关于打造个人品牌形成收入溢价，学会使用工具提升效率，以及将时间售卖多次的复利思维，我在后面的篇章会一一讲到，这里我们先关注基础能力的提升。一些同学在大学期间热衷于做各种兼职，这种行为我个人并不看好，当然有些家庭条件确实有限的同学，这是不得不做的选择，但绝大多数同学却不属于这个情况。

大部分兼职不过是廉价地出售自己的时间，我们在需要自我提升的时候，急于创造收入，这完全是得不偿失，辜负了自己此前十几年的付出。我非常鼓励大学生在校内更多地实践，包括参与一个创业项目，因为这是你试错成本最低的一段时光，而参加实践和兼职的心态不同，个人能力的提升也不同。

学生在大学期间最需要提升的是**学习力**。正所谓磨刀不误砍柴工。聪明的人，会把自己的时间卖两次乃至多次，赚钱的同时，也会不断优化自己的工作方式，让能力得到提升，这背后是看不见的学习力。

提升学习力是一项系统工程，需要从学习动力、学习方法、学习环境等多个方面进行努力。

首先，**培养学习兴趣与动力**。正如前文提到的，要知道为何要学习。这包括三点。

①明确学习目标：给自己设定清晰、具体、可衡量且有时限的学习目标。

②激发内在兴趣：尝试发现学习内容中的趣味性和实用性。

③建立奖励机制：为自己设定学习奖励制度，当完成一个学习任务或达到一个学习目标时，给自己一个小奖励。

其次，**优化学习方法**，这包括四个方面。

①制订学习计划：根据学习目标和自身时间情况，制订详细的学习计划。

②多维度学习：采用多样化的学习方式，提高学习效果。

③运用思维导图：在学习过程中，利用思维导图工具对知识进行整理和归纳，将复杂的知识体系以图形化的方式呈现出来，有助于加深我们对知识的理解和记忆，提高学习效率。

④进行知识复盘：定期对所学知识进行复盘，总结学习过程

中的收获和不足，对知识进行查漏补缺。

最后，还需营造良好学习环境，可以从三方面入手。

①打造物理环境：创建一个安静、舒适、整洁的学习空间，减少外界干扰，让自己能够专注于学习。

②加入学习社群：加入与学习内容相关的社群或学习小组，与其他学习者交流互动、分享学习资源和经验。

③寻求外部支持：如果条件允许，可以寻求专业老师、导师或教练的指导和帮助。

如何应对人工智能时代

在 2025 年的春节期间，以 DeepSeek 为首的国产大模型横空出世，低成本的开源模式让 AI 时代加速到来，很多曾经看似复杂的工作也不再具备门槛。但提到 AI，总有人忍不住担心它会让自己失去工作，但也有人期待它带来的便捷和赋能。不同年龄的人对新事物的接受程度不同，年长者一般对负面信息更敏感，这让悲观的声音占据上风。

对于个体，需要做到的是，养成 AI First（AI 优先）的思维方式，做一件事情前，先问自己"这件事 AI 能不能做？"而创意和提问能力，将成为核心竞争力。

1. 做好自己是最有创意的事

创意是什么？什么事能被称为具有创意呢？

这没有确定的答案，可有一件事一定是具有创意的，那就是专注做自己。在做好自己这件事上，AI 可以无比像你，但终究无法成为你。

每一个人都是独一无二的，我们自身本就是最大的创意，而世界的红利不断向善于表达者倾斜，我们该找到自身的优势，再主动用媒体和代码放大自己。

一个好的商业模型，是能跑出自增长的模型，被称为增长飞轮。比如抖音这款产品，使用的人越多，创作者越多，好的内容也会越多，于是吸引更多人看；在商业化上，用户多了，广告收入高了，可以买更多版权内容，吸引更多用户。

个体也是如此，作为超级个体，面对变化，你该把自己当作一家公司去经营，找到自己的增长飞轮。当下的学习、工作，均是为未来进行沉淀，自循环的飞轮形成后，你的认知、能力均会不断得到提升，而收入的增长只是水到渠成。

美团外卖内部有句口号："既往不恋，纵情向前"，这其实就是一个态度——持续关注未来、关注长期目标。我常说，不要在乎一城一池的得失，比如在职场里，加一点班就斤斤计较的人，未来的上限大概就是那么一点儿薪水。在自己能做的事上专注，拼尽全力，不要用对待一份工作的心态看待你的职业，而是始终以对自己的人生负责的态度去工作，这才是你进步的关键所在。

打工其实是为自己的未来打工。如果当下的领导不识人，你自己能力提升了，总能遇到更合适的领导。我有一个很强的能力，那就是自我画饼，自己给自己的工作赋予意义，都不需要领导给我画饼，因为我知道当下所做的一切，都是为了未来的自己。

在 AI 时代，想要成为超级个体，需要先成为我们自己，去找到那些让自己做起来得心应手，特别容易获得正反馈的事，先易后难，这是适合大多数人的路径。

2. 敢做的前提是敢想敢问

这些年中西方科学界多有一个争论，实践在先还是假设在先。我从骨子里产生的回答，一定是实践在先，所看即所得。我从小听过一句话，实践出真知，并且深信不疑。因此，我会把一些当下虚无缥缈的说法视为洗脑。

我在早期创业的时候，从不觉得企业的使命、愿景、价值观有何重要，更会认为这不过是那些成功人士包装出来的概念，以此来美化他们自己的形象，因此，他们甚至说出"钱对自己毫不重要"这样的话语。

直到 2020 年，我离开服务近四年的智联招聘，入职贝壳找房，我被贝壳的价值观所折服。离职几年后，我手机的屏保贴纸，依然是在贝壳工作时更换上的，上面写着"坚持做难而正确的事"。我越来越认同所谓相信的力量，很多事是因为先相信，才有看到的机会。

就好比做数学、物理大题时，第一个步骤就是"假设"，因为先假设了，才能有后续验证推导的过程。在"实践"和"假设"谁为先的争论中，假设需要先提出，再通过实践去验证，这是极强的创新力。

提出一个好假设、好疑问，本身比答案更有价值。这句话我常跟学生说，因为这是目前大家最欠缺的。AI能回答几乎所有问题，即使现在还有不足，但潜力无限，可前提还是需要有人输入问题、告知需求。

随着迭代，AI也能自行提问，但很难问出人真实的需求，因为个体本身就是复杂的，并且AI的不断进步是由人类需求驱动的，初始问题还是来自人。人涌现出的需求会持续大于AI能掌握的提问能力，这是一个基础逻辑，因此掌握提问能力是牵引AI的撒手锏。

第二章

洞察底层逻辑

你认知的世界是真的吗

1. 尝试打破思维定式

在公元前 600 年至前 300 年的轴心时代，全世界主要区域都出现了各自的文明，东方有诸子百家，西方有古希腊三贤，而亚里士多德带来的世界观则影响了人类接近 2000 年。

亚里士多德对世界的理解方式，主要是目的论和本质主义，从内在目的或者本质属性的角度对观察到的现象做出解释。比如，他认为地球是宇宙的中心，且地球是静止的，月亮、太阳、行星围绕地球完成公转，这很好地解释了太阳东升西落，以及我们在夜间看到的星星。他认为地球上的所有物体都是由土、水、火、气四元素所组成，土、水比较重，向下运动，而火、气比较轻，向上运动。事物的运动，由于构成元素不同，具有内禀目的，于是土元素就会往世界中心运动。

在当时人类的认知里，这套世界观很好地解释了世界如何运转，以及一些事物背后的原理。这套逻辑就这样运行了 2000 年，其中也出现了一些"异类"，提出了争议点。前人的所有努力、抗争，最终等到了牛顿出现，牛顿重新梳理了世界的运行规则，提出了我们在中学物理中必学的两点设想：引力和惯性。

两个理论的提出，让人类看到一个完全不一样的世界，一切解释更为合理，甚至可依据公式，测出行星的运转。在牛顿思维的指导下，西方开启了工业革命，让这 200 年世界变化的速度远超此前数千年不止。

可见，思维定式一旦突破，将实现爆发式的增长。

有句俗语，"眼见为实，耳听为虚"，但人类的眼睛看见的是光的反射，并且还只是所有光段的十万分之一，被称为可见光。而在可见光里，人为定义了：赤、橙、黄、绿、蓝、靛、紫等颜色。所以，你自认为处于客观世界，可以做出理性的抉择，殊不知这个世界从来都不客观，不过是人类思想家建设的思维通道。

不知有多少人会思考，黑色为何是黑色？反而孩童可以问出各种引人思考的底层问题，我儿子在刚学会说话那一两年，口头禅就是"为什么"。以色列学者赫拉利在《人类简史》一书中很好地点出了，正是虚构想象的能力，让人类和动物走向不同的道路，虚构想象能力，是人类这个生物的特性，但如今却被许多人丢失。

如今，随着 AI 技术的发展，数字人技术几乎天衣无缝，一段视频也不一定是真实的场景再现，眼见更加不一定为实。同时，这也提醒我们，定理都是人为提出的，可以被颠覆和打破，这也是创新的起点。

2. 顺势而为适者生存

大部分基础学科，其核心定理往往都是一句简单的话。比如经济学里的"看不见的手"，哲学里的"原子论"，数学里的"欧式几何"，以及生物学里的"自然选择"。人在成长的道路上，需要建立的多元思维模型，正是吸收这一个个核心定理。

达尔文的生物世界观让人对于世界的认知拉升到了 38 亿年的时间广度，整个生物进化史堪称人类思维的奇迹。如今许多科技发明也都是从自然界的生物身上寻找灵感。商学院里的一些课程也常以动物来类比企业，从动物身上来找自身的生态位。甚至连人体的细胞分裂、更迭，都引起许多商业上的思考，通过观察人类如此复杂的一个系统体系，去剖析如何优化一家公司内部的运营。

但是，自然选择的核心，不是选出最强的人，而是最合适的人。

生物界中，强如恐龙，依然难逃灭绝，做人、做事顺势而为更为重要。很多人认为进化就是越来越强，其实进化来自变异，而绝大部分变异都是不利的、无法存活的。但在环境发生改变时，某些变异由于更适应环境存活了下来，并且还逐步变成了主流形态。进化的本质是无序的，当面临自然、环境的选择，适合的进化才出现在人们眼前。

你或许感受到，越大的公司主动创新改变越难，只能在既定轨道越来越大，而一些创业公司的创新点则百花齐放，虽然大部分创新折戟沉沙，但总有少数公司被时代所选择，被市场选择，快速崛起。

无论你是创业者，还是职场人士，都可以看看自己所在公司的运营方式，是偏向用各种 KPI 考核方式严格管理结果，还是偏向给予内部创新的土壤，让员工主动思考，进行业务迭代，更关注 OKR（目标与关键成果法）过程。而我提到的 AI First（AI 优先）的思维方式，也正是我们在人工智能时代顺势生存的方式之一。

用何方法理解这个世界

在哲学领域，人有两种认知世界的方式，分别是归纳法和演绎法，下面分别阐述。

1. 你还只用归纳法认识世界吗

2011 年我去台湾学习交流的时候，走进台北的网吧，打字的时候却懵了，因为键盘上没有拼音。经过查阅，我才知道汉语拼音是 1955 年出现的，大陆独有。汉字数千年传承，拼音出现之前，人的认字方式更多是口口相传。将过去的经验进行总结、沉淀，传递给后人，利用归纳法的认知方式，让人类文明能够持续迭代。

昨天太阳从东边升起，今天太阳从东边升起，于是预估明天太阳也会从东边升起的，结果事实也是如此，于是人们给出答案，太阳是从东边升起的，这是归纳法认知方式的典型体现。

归纳法往往来自经验，确实可以帮我们解决生活中的很多问题。比如在森林里，当你看到老虎的时候，第一时间不是停下思考，而应该按照历史经验，先跑起来。

但在快速发展的时代里，许多过去的经验也可能会失效。比如，亚洲的天鹅是白色的，欧洲的天鹅是白色的，人们也很少见到其他颜色的天鹅，那么我们就归纳出全世界的天鹅都是白色的。这听起来很合理，可细琢磨下，却感觉不太对，因为上述推导实际上没有任何逻辑，条件 A 和条件 B 并没有办法推导出结果 C。

当人类在美洲发现黑天鹅的时候，才知道天鹅不是只有白色。而当人类科技更发达，可以更自如地探索宇宙时，也许会发现之前的很多物理定理都已经不再成立了。

可见归纳法能够快速解决问题，但也会固化我们的思维。

归纳法的问题在于，昨天这样、今天这样，但是不等于明天还是这样，尤其缺乏领域变换的迁移性，这需要引起反思。

2. 演绎法背后的逻辑趣味

演绎法这三个字可能也是很多人第一次听到。相比归纳法，演绎法的认知方式则比较烧脑。

与归纳法的经验总结不同，演绎法更重视逻辑推导的正确性。一般表现为大前提、小前提、结论的三段论模式，先给出大前提，再给出小前提，最后得出结论。

比如苏格拉底的经典三段论：人都是会死的，苏格拉底是人，所以苏格拉底也会死。演绎法与归纳法的差异在于，不是因为有人死了，所以苏格拉底也会死。而是人都会死，苏格拉底是人，所以苏格拉底也会死。前者是归纳法，后者是演绎法。在演绎法里，如果 A 和 B 均正确，那么按逻辑推导出 C 必定正确，这是一套逻辑缜密的推导方式。

当然演绎法也有弊端，一方面就是推导速度慢，另一方面需要保障基石假设的正确性。比如上面的例子，你要思考的是：人一定会死吗？而苏格拉底真的是人吗？如果基石假设是错的，那么结论自然不会正确。

在这个世界上，99% 甚至更多的人都在使用归纳法，因为其优势是能快速复用过去的经验。成功不可以复制，但可以借鉴。不过，由于时间、场景的不同，很多经验正在失效。

而逻辑推导则不会失效，于是演绎法在某些场景里成为替代归纳法的思考方式，逻辑比事实更重要。尤其是对创新者而言，演绎法可谓必备的思考方式。这里的创新者不一定是去创办一家公司，但凡通过对自己可掌控资源的重新组合，创造出新的价值，都可称为创新者。

思考这件事本身就是反人性的，但只有思考，你才能深度认知这个世界，并找到一些难题的解法。而人如果想在职场、生活里脱颖而出，则需运用演绎法进行分析思考，即另辟蹊径，反方向地从大胆假设开始，再围绕假设进一步搜集资料，进行调研，来检验它的正确性，继而找到解决问题的最佳方法。

过去二十年，西方以乔布斯、马斯克为首的企业精英们，通过思考、推导去形成正确的决定，创造了一系列叫好又叫座的产品。而将一些约定俗成的观点随意拿来就用，最终会落入俗套难有突破。尤其在当下这个充满变化的时代里，只遵循历史经验的方法已不再适用，挖掘底层逻辑恰恰是我们创新的机会点。

批判性思维到底在批判谁

批判性思维里的"批判"有咄咄逼人的感觉，但批判性思维不是杠精思维，遇到事就去质疑，而是思辨思维、审辩思维。

批判性思维，不是批判他人，也不是批判自己，而是批判自己的思维方式。更准确地说，批判性思维所批判的对象并不是某个人，而是一个观点背后的思考过程，是对思考过程的审视。

那批判自身思维方式的目的是什么？是让我们在职场、生活中，能够更加有效地处理一些棘手的问题，能够比他人看得更深一步，能够事半功倍。

在以美国为首的西方教育体系里，从小学到大学，一直把培养学生批判性思维贯穿于各个学科。而在国内，诸多教育学家给予大学教育的定义，也同样是培养学生的批判性思维，养成独立思考的习惯，成为健全的社会人。

许多人都觉得自己的思想是自由的，也是不受限制的，但实际上我们的思想被自己的知识面和思维方式所局限。而局限来自你对一些信息的未知，以及于已知信息缺乏深度思考。

按这个路径，我们想要思想更自由，一种方式是获取更多的信息，但无奈的是许多信息是无用的，甚至是有害的，因此需要对信息甄别和批判，以进行过滤。

另一种方法是，我们需要打破一些思维的障碍，进行深度思考，这就需要破除当局者的迷，我们应用的工具则是批判，通过批判去质疑看似顺理成章的事情，发现存在的瑕疵。

批判性思维是一种让我们更加自由、理性看待世界的方式，也是一种让我们理性看待自己的能力。

1. 批判性思维公式

如果你想要拥有批判性思维，就需要学会审视一段思考的信息结构是否缜密、是否足够系统，逻辑上是否能够自洽。

提到批判精神，就不得不提古希腊哲学家苏格拉底，他通过提问、辩论，来揭露学生话里的矛盾和缺陷，让学生进行思考，被称为"真理的助产士"。

不过在我看来，我国的先贤也是如此，流传至今的"以子之矛，攻子之盾"的故事，正是如此。

为了让大家更好地进行自我思维批判，我给大家一个审视自己思考的公式：

完整的思考 = 论题 + 论证 + 结论

批判性思维，就是审视我们自己的思考过程，分为：论题、论证、结论三步。

一个具备批判性思维的人，需要拥有良好的逻辑性，能够识别论题，通过相应证据，得出最后结论。

识别论题是一切思考的基础，明确问题是什么，这看似简单，但实际无论是在学习还是工作中，许多人常常做出一些答非所问的回答。

例如，我问一位同事，什么时候能够把活动的策划方案给我，他的回答是，"我把上月的活动结案报告写完，就开始写这个策划方案"。这类对话在职场里常常出现，但对方实际上完全没有回答我的问题。

我对自己团队成员都会提出一个要求：养成一字不差的阅读能力。

在信息爆炸的时代，这个看似简单的要求，要想做到极致，并不容易，审视自己思考的时候，先看看问题本身，自己是否已经理解清楚。长期的刻意练习，可以让我们从"无知的确定性"到"有知识的混乱"，再到真正的具备批判性思维。

面对问题，我们通过思考得出结论，但是结论不是观点、看法、判断等主观想法，而是逻辑推导，论证的产物。

一个比较大的误区是错把感觉当作结论。

想区分是"结论"还是"感觉"，你可以采取一个简单的追问，比如关于"天气好"这个说法，追问一个为什么，就能清晰地看到，背后并没有推导过程，这只是一个感觉，不是结论。"西医科学，所以中医不科学""咖啡受欢迎，所以奶茶要没落""中国经济好，所以美国经济下滑"等，这些都是没有经过推导的"感觉"。

而得到真实结论的另一个难点，在于观察是否有偷换概念，或是先入为主地给出结论。人很多时候不自觉地使用"律师思维"，这样很容易产生错误的结论，一定需要保证以原有论题为起点进行推导，如此得出的结论才能正确。

2. 提防律师思维

律师思维是什么？不用管案子本身的对错，如果为反方辩护，就会用尽全力找支持反方的证据，忽视不利的信息，甚至为不利信息找到合理的解释。

在日常生活中，人遇到问题，都有先入为主的思想，比如面对自己的错误，大部分人的第一反应是找理由，不愿承认自己犯错，并会引用一些证据，来证明错的并不是自己，而对指向自己错误的素材选择忽视，这就是典型的"律师思维"。

我再举一些成功学里的话术：牛羊成群，而狼都是孤独行动；如果你想成功，想要成为狼，就不要在乎周围人的眼光，不要害怕孤独；周围人对你越是冷嘲热讽，你做的事就越正确，因为成功者、胜利者就是这么孤独的少数人。

上述这些存在逻辑问题的言论迎合了一些人的想法。并且你一旦先入为主地相信这些言论，后续你做的事，被家人、朋友质疑越大，越会强化你坚定走这条路的信念，所以一些被这些所谓的成功学洗脑的人，很难再被拉回正轨。

而逻辑推导就是要我们区分解释和论证。解释是承认事实，试图说明现状，而论证则是相信、认同，证明、判断。

我喜欢"得到 App"蔡钰老师的一个说法：我在吃饭，因为我饿了，这是解释。我在吃饭，因为我在往嘴里送食物，这是论证。

你可以从现在开始，尝试刻意地拆解自己的思维，看自己做出的一些选择和判断是否抓住了问题的关键，并且推导过程是否合理。

当你去复盘自己的思维逻辑时，可以依次拆解：论题是否准确，结论是否有先入为主，论证过程是否抛开了感觉、解释，并做出的合理推导。

3. 创新来自打破隐含假设

人和动物最主要的区别之一就在于人会抽象总结，能够用概念、术语以及符号去定义某些事。

人为进行的标准化定义让诸多协作得以发生。例如，人类对科学参数的标准化定义带来了生产力的快速提升。

但我们也需要足够警惕，很多被习惯和经验定义的事情已成为我们思维网络里的一环，使用起来一切变得顺理成章，成为"隐含假设"，因此我们不再去思考为何如此。比如，每天吃一个鸡蛋能补充蛋白质，其中的隐藏假设就是，鸡蛋富含蛋白质。再如，只有好好学习才能出人头地，其中隐含的假设就有很多，如"出人头地"的定义是什么，而达成的方法只有学习一种，我们无法通过其他方式获取到。

　　如果用批判性思维的逻辑重新审视这些论题，我们会看到许多"隐含的假设"其实存在很大的问题，无法成为推导出结论的基石，而大部分创新都来源于打破隐含假设。

　　马斯克是不断打破隐含假设的典型人物。他创办特斯拉汽车时，原有隐藏假设为：电池性能问题让电动车的实用价值变低，而电池成本问题让电动车无法商业化。如今电池性能及成本问题已得到缓解，新能源汽车得到飞速发展。而在马斯克做 Space X 之前，也没人想到成本高昂的火箭能够蕴含巨大商业价值。同样的火箭发射打破了一个隐含假设，那就是火箭发射后可以回收使用，大幅降低了发射成本。

　　我在高校开展创业讲座时，曾分享过乔布斯创新苹果耳机的故事，在诸多耳机厂商通过改变各种形状、提高性能去抢夺消费者的时候，但却没有人想过改变耳机线的颜色，因为当时的隐含假设为，耳机都是黑色的，直到苹果生产了白色的耳机，这就是典型的一叶障目。

　　苹果手机在后续的微创新中，仅不断改变手机外观的颜色，就能让手机销量出现显著的增长，而在苹果之前，大部分手机厂商可能认为手机外观颜色不重要。

　　太阳底下没有新鲜事，创新就来自打破生活中的隐含假设。

你真的会理性思考吗

在经济学中，有一个理性人的假设。我们在大学期间，需要习得的批判性思维，也是十足的理性，而现实生活中，人大部分时候都是感性的。

但对于一些重要的抉择时刻，你需要理性思考，去规避自己感性，其中三大感性因素分别是：信念、立场和情绪欲望。

1. 信念

信念可以理解为思考中的某种假定让人的思想在潜移默化中发生改变。比如，当你从骨子里觉得一个人很坏时，看到他的许多行为，都觉得虚伪、蠢笨，会非常自然地忽略其身上值得学习的地方，并且从其表现揣摩各种卑劣的可能性。再如，有的小朋友从小被父母告知不要跟陌生人说话，一遍又一遍，久而久之，其社交能力可能会变得极差，但自己压根儿找不到原因，不知如何去改变。

信念的产生取决于由生物本能、长期的信息灌输和想象力三者构建的信念体系。但很残酷的真相是，你坚信的东西未必是对的。例如，在一些正魔不两立的小说和电影里，主角随着成长逐渐知道，魔教里也有好人，相反正派人士里面也有坏人，而出自正派的主角，这个时候会经历信仰的崩塌。

2025 年上映的《哪吒之魔童闹海》也回应了五年前《哪吒之魔童降世》中申公豹的那句话：人心中的成见是一座大山。

2. 立场

在你做判断时，会因为当下所处的位置而有先入为主的态度，在不同的身份下，你做出的判断会带有不同的倾向，这也是所谓的"律师思维"。

比如，我在业内有了些知名度后，常接受一些采访，但我从创业转为职业经理人后，不能再那么洒脱，必须考虑我的一言一行对公司的影响。于是，什么该说，什么不该说，由于身份立场，有了无形的约束。包括自己在自媒体平台写作，什么能写，什么不能写，不能随心所欲。

3. 情绪欲望

情绪欲望，直接影响我们对事物的判断。比如在职场里，跟上级沟通工作，成熟的职场人会知道找恰当的时间点，比如，领导心情好的时候更容易交流。而像面试，也存在几分运气的成分，你面试通过与否，与面试官当下的情绪状态好坏，有直接关联。

规避感性思维，理性地思考，确实会消耗更多的时间，但做事情本身，就是为了把事做正确，其次才是速度，尤其是面对重要的决策。不过，随着刻意练习，你思考的响应时间会不断缩短。

如果想要快速隔离感性的影响，我给出的小建议是：做任何决策前，先让自己冷静几秒，反思这个决策是否受到信念、立场或者情绪欲望的影响。

同时，你可使用"抵触情绪排查法"，当你听到他人的观点时，如果有发自内心的抵触乃至愤怒，想要去反对，这个时候就需要警醒了。你可以分析，当下是否有个人心理倾向在作祟。

《三体》里的一句话值得人深思，那就是：弱小和无知不是生存的障碍，傲慢才是。不受情绪影响认真思考他人的观点才能理性地思考。

如何实现个人圈层跃迁

当下早已不是单打独斗的时代，人需要融入社会的协作网络之中，方能实现个人的圈层跃迁。

实现个人圈层跃迁，我梳理为三步：进入圈子、认识自身的不足、主动升级圈子。

1. 将自己"标准化"融入圈子

由于每个人的生活环境不同，你习以为常的一些行为和说法，另一类人群可能无法理解，这就需要你尽可能地使用通用语言去沟通。圈层跃迁的第一步，先进入圈子，关注圈子内的热点话题和讨论，主动发表有价值的观点和看法。

互联网的算法模型，让很多人陷入一个又一个信息茧房之中，而最初互联网却是给大家输入海量的信息。给你一个小建议：关闭手机软件里的算法推荐机制和个性化内容推荐。先让自己看到更大的世界，然后选择进入圈子，后续才有机会破圈。

2. 坦然承认自己的错误

承认自己错了,才是向上突破的机会点。很遗憾,大多数人在骨子里,都觉得自己是对的,并因此陷入一个个"常识性"的误区里。

请你尝试着想象,把自己从身体里抽离,去审视当下自身的行为和思维模式,抽离出的这个才是本我,其余均是表象。在这个角度,表象犯的错误,并不是真正的"我"错了,只是"我"的身体、"我"的思维错了,错了怎么办? 改就好了嘛,能够正视自己的错误,是跃迁者的必备能力。

将你与自己的思想剥离,以旁观者的姿态去审视自己,是一个很好的深度思考的方法,毕竟承认自己错了,不是一件易事。

我很喜欢混沌学园创始人李善友教授提出的"傻子速率":你回看一年前的自己,如果觉得那时的自己像个傻子,那么证明这一年你成长了很多。而一些智者在半年甚至三个月的时间里,思想就已经完成一轮更新。并且,李善友教授每次都会在课程最后说一句"我今天讲的可能都是错的",这并不是当下故意讲错,而是一段时间后,你可能会发现曾经的言论已经过时,不再正确,那坦然接受并改进就好。

3. 有意识地加入高阶圈子

每个人都会受到身边人潜移默化的影响。对于一些商学院的课程,有些人认为无价值,不过是混圈子罢了。这种论调首先低估了课程的含金量，其次，这个圈子本身也真的极具价值。包括互联网上的一些付费社群，有人质疑是在割韭菜，但本质上，如果交付的内容对于你存在足够的信息差，那就有一定的价值。

　　你可以结合自己的经济情况，去考虑付费加入高阶的圈子，而加入圈子只是一切的起点，用好圈子需要塑造良好的形象进行自我展示，以及花费足够的精力参与活动。如果经济情况不佳，则考虑投入更多的时间，比如为这个圈子做一些公益的事情，从而获得加入圈子的机会。

第三章

打造个人品牌

为何你需要个人品牌

美国著名管理学家彼得斯曾说，21世纪的工作生存法则就是建立个人品牌。

我对这句话的理解是，商业世界是一个大的协作网络，而有个人品牌的人，将可以大大提升协作的便利性。

企业为什么每年要投入巨大的费用做品牌？因为这可以大大降低企业的获客成本，比如两瓶可乐在你面前，你会购买可口可乐，而不是另一瓶不知名的可乐。

个人品牌和商品品牌一样，是质量、理念、文化的综合体，具备个人品牌的人，能够降低他人的选择成本，让他人更加信任你。如果你不刻意经营个人品牌，那么自己就如同货架上的那瓶无名可乐，白白丧失各种机会。

尤其对于一些行业的从业者而言，个人品牌则是不可或缺的，比如律师、会计师、医生等，比起他们背后的公司，客户更相信个人。

我常收到一些学生的提问，"毕业于普通高校要如何去名企""小公司如何跳槽到大公司"，面对这些问题，个人品牌可以助你一臂之力，我自己的职场道路就是典型的例子。

个人品牌绝不仅仅是公众人物的专属宣传手段，而是一个人的名片，让他人看到更全面、立体的你，也更容易认识你、接触你，比如你的朋友圈、社交媒体账号就是重要的展示自己的窗口。

我经营着一个关于"大学生业务"的私董会社群。而私董会的核心卖点就是会员可以与我一对一交流。想做大学生业务的人，从知晓我、认可我，再到进行知识付费，这完全得益于我个人品牌的建立。

培养好的个人品牌还对我长期职业发展提供助力，比如我现在对接到的很多合作，都是由于自己长期积累而形成的个人品牌。

个人品牌建设涉及的板块很多，如自媒体、短视频、出版物、分享（线上、线下）、社群等，这需要不少投入，而投入的前提是你需要想清楚商业化变现的方向。

拥有自己的品牌，为自己代言个人品牌，我已经谈论过多年，这不是明星、企业家的专属产物。2013 年微信推出公众号平台，而在公众号登录后台的界面上，至今挂着这句话：再小的个体都有自己的品牌。

与我几年前分享个人品牌相比，如今的互联网又出了许多新的概念，比如私域流量、关键意见消费者（KOC）等。

而个人品牌的传播载体在文字以外，也多了许多媒介，如短视频、直播等，新技术不断让个体更容易被看见。

"个人品牌"这个词并没有一个明确的定义，我借用百度百科上的解释：个人品牌是指个人拥有的外在形象和内在涵养所传递的独特、鲜明、确定、易被感知的信息集合体。换句话说，个人品牌就是他人对于你的第一印象。

2012年，我在大学期间创业时候，一度非常流行"聚美体"："我是×××，我为自己代言"，而如今聚美优品的陈欧，已经离开了聚光灯下，但这个底层内核依然适用。

个人品牌的塑造并不容易，李佳琦抓住美妆直播的红利，靠着个人品牌获利颇丰，但他需要一年直播380多场，每天晚上直播完，深夜统计销量，梳理数据，第二天又要进行新一天的直播选品确认，异常辛苦。

同时，一些失误会让其经营多年的个人品牌形象轰然倒塌，成为"眉笔小子"，这在一些明星、企业家乃至网红身上屡见不鲜。

作为普通个体，周围人不会对你有苛刻要求，但也需要你保持初心，选择媒介，找到方法，长期输出，大力才能打造出品牌。

不过，如今经营个人品牌已越来越难，因为无论职场人还是创业者，许多都已具备相关意识，开启了自己的行动，可以称为个体内卷。

想要有个人品牌，请挖掘自己的能力点，并做好长期输出的准备，心态上接受不同评论，有一群人认可你即可，并形成自己独特的标签。

大部分人做个人品牌，都不会一开始就爆火，人们看见你，不是第一眼就看见你，而是过了很久，发现你还在这里，这才注意到你。

三步打造个人品牌

　　我一直在刻意经营自己的个人品牌，并且将打造个人品牌的核心步骤总结为三步：定位、卡位和上位。

　　在分享这三步如何落地之前，需要你先有一个心理准备，那就是放下自己的隐私保护欲。做个人品牌就是把自己主动展示在公众面前，并且是真实展现。

　　其实在如今的信息环境里，但凡有点价值的人，个人信息早已无处不在，既然已经无法避免，在我看来还不如积极拥抱。

　　只要自己没欺骗、伪装，展示真面目于他人眼前，也没有什么太多的担忧，相反真诚是最大的套路。比如，一些人认为雷军的营销套路多，而我看到的却是真诚，这也是无法模仿的。

　　所以，我鼓励我的学生在社交媒体上尽可能地使用真实身份，这能以更低成本树立自己的个人品牌。

1. 定位：自我探索的三问

打造个人品牌的第一步，是找到切入点，也就是自己的定位。我们需要从三个角度去思考：

第一，我们发自内心喜欢什么？

第二，我们个人擅长做什么（在哪方面有远超他人的能力）？

第三，用户会为什么能力买单？

绝大多数人都是迷茫的，这是由于缺乏对自己的定位，而在做个人品牌前，先需要思考自己喜欢的是什么、擅长的是什么。一个人做自己喜欢的事时，可能在旁人看来特别辛苦，但本人并不这么觉得。

做个人品牌需要主动输出，但你对外输出的内容，并不一定非要和工作相关，可能就是自己的兴趣爱好，或者一些个人思考。因为喜欢，因为觉得有价值，所以进行内容输出并不会觉得浪费时间。

做个人品牌，就是对外输出我们的某些能力，而如果你已经有了一项技能或一些经验，那么这些就是绝佳的输出内容。例如，你如果喜欢当下从事的工作，可以多分享该职位以及这个领域的一些感悟，不知不觉在行业内就会有个人知名度，可能会有猎头找上门。你如果有一些兴趣爱好，如电影、旅游、美食等，也可以用这些相关内容，获得一些同好者的共鸣。

定位并不是一拍脑门就能想出来的，它需要逐步推进、逐步明晰，并且在过程中还要对小目标进行调整。你需要尽可能地认识自己、扬长避短，找到别人想知道却不知道可是你知道的领域，然后想办法成为这个领域的专家。

换句话说，就是把自己当作产品一样去定位，弄清自己，找到个人的目标方向。如果把经营个人品牌仅仅当作一项工作，赶鸭子上架，则是无法经营好的。

2. 卡位：主动给自己贴上标签

如果说定位是了解、梳理自己，卡位则是占领用户的心智。

在注意力稀缺的时代，我们很难给用户留下一个足够清晰的印象，而一个有效的技巧则是，主动给自己贴上一个标签。

我自己早期的标签是"校园市场专家"，但不知道从什么时候开始，"专家"成为"砖家"，遭到冷嘲热讽，于是我将自己的标签迭代为"大学生市场实干家"，从校园市场到大学生市场，标签同时更加聚焦。

我们可以围绕自己的定位思考，给自己贴一个什么标签合适。标签一般有三种类型，分别是：公司标签、业务标签、能力标签。

①公司标签（企业＋职位）。如智联招聘执行总监、腾讯产品经理等，这比较适合在名企"大厂"工作，或者岗位本身自带光环的人。

②业务标签。如著名天使投资人、认证生涯规划师、校园市场专家等，把自己的核心业务直接抛出来。

③能力标签。如 PPT 达人、手机摄影达人等，这一般适合用能力开启副业。

在梳理标签的时候，还有一个小技巧：用一些后缀词来缩小范围，将自己的特点凸显出来，因为聚光灯的绝大部分只会给到头部人群。

我们要获得更多的商业化回报，就需要从人群中脱颖而出。例如，当年美国的登月计划，其实有两个人登上月球，但绝大多数人只记得先出舱的阿姆斯特朗，以及他的名言"人类的一小步，世界的一大步"。

同质化的标签，在内卷的时代，很难成为头部，那不如给自己标签加上后缀，缩小竞争范围，先让自己成为第一，再逐步积蓄势能，丢掉一个个后缀。比如"创业者"很多，"00 后创业者"也不少，但你如果用"某地区 00 后创业者"，你将很容易通过这个标签得到更大的曝光。

给自己打上一个合适的标签，才能称为卡位，但也需注意标签的简洁性，后缀过多也会导致难以记忆。

在卡位这件事上，你还需要结合商业变现，去思考清楚对外输出的目的是什么，要拆解大目标，罗列实现小目标所需的资源和能力，一步步地去实现。

首先，在商业领域，后来者与原有巨头竞争常用的策略是：与其更好，不如不同。

做个人品牌的时候，想吸引用户注意力，你也可以开创独立的品类，给自己贴上一个独特的标签。比如"怕上火喝加多宝"，这就是典型的开创"去火"饮品这个品类，而后续的元气森林则是主打一个"零脂零卡"，它们均取得很好的广告效果。

其次，在个人品牌的标签上，可以采用旧要素新组合的形式。我有个朋友的标签是：剧本杀培训徐老师。她一直从事企业培训服务，但她在培训中创新地融入了剧本杀的模式，受到很多"00后"员工的喜欢，于是她承接的新员工培训业务开启了爆发式增长。剧本杀不是新事物，企业培训更不是新事物，但如果结合在一起，这就变成了一个新品类。

最后，做品牌一定需要有长期利他的心态，需要思考我能如何满足用户需求，并且快速行动，先努力让周围人看见。

例如，一名瑜伽老师，微信昵称就是瑜伽老师某某某，她日常分享一些练习瑜伽的注意事项，偶尔植入广告，这个人设在互联网上确实泛滥，但如果瑜伽馆就在你家附近呢？你想学习瑜伽，而微信好友里只有这一位瑜伽老师，这个感知就非常强烈了。而这位瑜伽馆的老师，她的卡位目的就是招揽学员，不是火遍网络，那么这个微信名字就很合适，通过不断分享瑜伽相关内容，强化这个瑜伽老师的标签。

在其他教育行业也是如此，比如高考志愿填报行业里，很难出现第二个张雪峰，但你可以成为你所在城市、所在小区的张雪峰，依然可以获得商业上的转化，因为更近距离的信任积累。

更高级的个人品牌塑造，还会带上鲜明的个性和情绪，形成自己的辨识度，从而将自己的标签扎入他人的认知里，但这也是双刃剑，因为会招来一部分用户的反感。

3. 上位：持续输出占住个人生态位

在打造个人品牌的过程中，我们会找定位、贴标签，但大多时候，我们给自己贴上的标签只是自嗨。想要避免自嗨，则需要持续的输出，强化标签形象，来实现真正的"上位"。具体做法包括以下三点。

①明确你想要影响的受众群体。

②找到能够影响到他们的渠道。

③在这些渠道上，反复强化你的标签。

对于一些新出现的渠道，一定要保持敏感度，往往越早进入越能享受先发优势，比如 2017 年的抖音、2021 年的微信视频号，以及后续的小红书。

先发优势，将让你能够更容易地卡位住一个标签，虽然新平台有许多夭折的，但未来可能出现的收益和当下的投入相比，还是值得的。

朋友圈的日常运营是我们内容输出的基础，也可以训练自己的网感。如果你目前的微信好友数不多，那可以从现在开始进行好友盘点，给好友打标签，进行分组，通过分组运营的方式，进一步提升朋友圈运营效果，不同分组看不同内容。

你不用觉得分组运营的方式好像很虚伪，这恰恰是给自己的好友减少一些干扰，是利他的行为，如果对方没有必要知晓这条信息，或者不是目标用户，那也就没有必要看到相应内容。

这是我对目前主流平台的特点做的总结：

①类似于微信朋友圈，这样的展现平台还有如 QQ 空间的说说、新浪微博、微头条（今日头条）等，基本都是以文字、图片为主。

②类似微信公众号，这样的展现平台还有头条号、百家号、网易号、大鱼号等，基本都是长文输出，如今也都支持视频形式的内容，这就需要文案功底或者视频拍摄、剪辑的能力，上手并不难。

③类似抖音这样的短视频平台，还有快手、视频号等平台，视频号可以联动私域一起运营，而如小红书也从图文形式转为以短视频为主的平台，相对而言，B 站则更适合中等长度的视频。直播是当之无愧的流量风口，个人隐私的范围也越来越小，对于短视频、直播这些平台，我们不仅名字、头像要真实，还需要露脸了。

④知乎这样的知识分享平台并不适合所有品类的创作者，但如果你的内容有一定的深度，就很适合了，并且可以使用"回答 +文章"的形式运营，而知乎的内容在百度搜索的时候也有不错的权重。

了解到这些平台的差异之后，我们需要选择适合自己能力以及与想要传递的内容吻合的平台。我建议大家在初期广撒网，通过数据分析，挑选几个较好的渠道，重点运营，并且关注各渠道的用户反馈。

工欲善其事，必先利其器。在我们掌握好了输出渠道之后，重要的就是输出的内容了，如果内容不好，那就是对好渠道的浪费了。

关于内容的输出，我们一定要明白自己的需求，以及站在用户的视角去思考，学会引导互动，而朋友圈的分组就是一种方式，通过分组给不同人群传递不同的信息，关于写作我在后续章节也将进一步阐述。

如何提升个人品牌

个人品牌的提升需要持续的输出，而这就离不开运营，下面重点讲解如何借助私域流量、公域流量，以及借势提升个人品牌。

1. 私域运营就是经营关系

私域流量可以简单理解为：属于你自己的，使用无须付费，并且你自己更加熟悉了解的流量。

这三点与公域流量完全对应：公共的、需要花成本的、陌生的流量。

公司经营私域时会开发自己的 App、小程序，以及用企业微信等来进行服务或链接，个体常使用的则是公众号、社群等载体。但目前公认转化效果最好的私域载体，还是微信个人号，因为最为贴近用户，也适合个体来经营自己的私域资产。

你在各公域自媒体平台通过输出内容收获到的粉丝，同样是自己在各平台内的私域流量，需结合平台规则进行后续的业务转化，常见的做法是先导流至自己的微信，但这也需要与平台斗智斗勇。

微信能成为私域流量运营的主阵地，还是因为主流人群的日常生活离不开微信，这本身就是最大的流量入口，并且微信沉淀着我们的人际关系，所以，私域运营的核心其实就是关系运营。

运营关系的核心在于能否提供个性化的、情绪丰满的、令人难忘的体验，能否懂得用户的情绪，并给足情绪价值和体验感。

这两年诸多企业为了摆脱公域平台的掌控，开始追逐以微信个人号、企业微信号为主的私域流量，比如完美日记、良品铺子等，通过个人工客服开展个性化的运营动作，并且联动短视频、直播等，让转化效果得到进一步提升。

在教育培训机构中，有一个很重要的角色叫"学管"，学习管理师通过与学员（家长）之间的持续互动经营用户关系，实现续课、复购。

但不得不承认，目前很多私域运营的细节上确实没办法实现个性化，人眼即可识别为批量的群发，这很容易引起用户的反感。

很多人都知晓 KOL（关键意见领袖），但这一般都是指明星、行业专家、话题人物等，而对于普通人而言，你可以更多地关注 KOC（关键意见消费者），这是更加适合的方向。

KOC 是指用户里的达人，比如大家在淘宝、京东购物时，会看到有些人写的购物评价获得不少点赞，还比如抖音里的评论区，有些人的评论都能获得数万点赞。

KOC 对于个人的创作能力要求下降了许多，但其影响力也不可忽视。每个人在朋友圈里的一言一行其实都具有 KOC 属性，如果有一定的好友量级，也能产生一些业务上的转化。

而对于企业而言，可以关注 KOS（关键意见销售），让内部销售在公域平台创作，实现给私域的持续导流，这一批具备专业垂直类知识和销售共情能力的"内行创作者"，与最终的商业化目标将更近。

私域运营就如同零存整取，长期沉淀终将获得回报。你可以从现在开始，注意经营自己的朋友圈，比如修改昵称、头像，注意发布时间、发布内容等，以及尝试围绕某一要素建立以自己为中心的社群。

2. 公域平台就是一个放大器

公域流量为公有的，需要成本购买的，并且相对私域流量而言，往往是陌生的流量。这三点与私域流量完全相反：私有的、无须额外成本、熟悉的流量。

运营公域流量的核心是经营注意力，需坚持不懈地对热点事件进行捕捉，以获得更多的用户关注从而进行转化，不仅仅是单纯地花钱购买流量。

如微博、抖音、小红书等产品，一部分用户在平台生产内容，平台把内容再推送给另一部分用户，形成生态闭环。

内容的有效曝光量则把控在平台手中，除了内容优质，并命中平台的算法体系外，如果你想要更多曝光，那么付费即可，但平台只承担曝光，不承担业务转化。

以公域流量里典型的生意模式为例，一家卖产品（服务）的公司，花 100 元买了 100 个访问流量，转化出 10 人发生了购买行为，而产品（服务）的毛利润如果为 50 元，那么粗算就是投入 100 元，产生 500 元的收益。

如果 10% 的售卖转化率不变，来 100 个用户就可以获得 500 元的收益，那么即使在平台购买流量的费用逐步上涨，公司也会不断地购买流量，直到 100 人访问的流量也需要 500 元投入的时候停止。

现实中，许多公司为了业务的长期发展，在初期只要盈亏平衡甚至略亏的状况下，都会持续投放获客，并且会将用户的长期价值产出进行核算，而不仅仅是第一笔付费。这种流量使用费的上涨，属于互联网广告业务里的常规竞价，价高者得，谁出的钱多，平台就把流量卖给谁。

同一个行业，在面临竞争博弈时，一群竞争者会为了获得流量不断抬价，尤其是在有资本注入的时候。流量成本上涨到一定程度后，流量转化率较低或者现金流不足的小玩家，自然会被淘汰出局。大玩家则继续拉升获客成本，一直到所有玩家都承受不了的时候停止，最终业内公司都赚着微薄利润，而公域平台则获得大额的流量收益，正如抖音这几年持续增长的商业化收入。

当你抱怨流量成本越来越贵时，其实更需反思自身产品的商业转化能力还能否提升，一个成熟的公司，需要跑出自己的公域流量获客逻辑，因为只有这样，才能快速放大用户规模。而在公域获得的用户，后续可以通过私域持续转化，"公域＋私域"更应该是组合拳的打法。

对于个人而言，公域也是个人品牌的放大器，你可以在主流的内容平台，如抖音、视频号、知乎、小红书等，以及自己所属行业的垂类平台，注册一个账号，开始启动内容输出。在输出过程中，你可以间接植入自己的诉求，最好能完成一定商业化的变现，这将让你有持续创作的动力。

其实，我们可以换位思考下，对于平台方而言，除了商业化盈利需求，也需要好的内容留住用户。因此，个体持续在平台上输出优质内容，也将以零费用的投入，从公域平台获得用户关注。尤其是当个人品牌达到一定阶段需要快速放大的时候，需要借助公域平台的力量。

3. 学会借势打造个人品牌

在个人品牌的经营过程中，进行内容输出是必做的动作，世界的红利一直在向表达者倾斜。

一个获得大量热度的爆款内容，本身也能成为你个人品牌的背书，并帮你实现一定程度的用户破圈。

普通人做爆款内容，需要学会借力，比如借助一些热门人物、品牌或是事件，来从公域平台获得更多关注。

（1）向人借力：从知名人物获得背书

这里的知名人物不一定是明星，可能是细分领域里的前辈，能够帮助你提升信任度的人，核心还是聚焦自己想要吸引、影响到的用户。

在借力之前，你需要思考能给对方提供什么，比如用户传播你的内容，也能提升"名人"自身的正面形象，事实证明，"名人"也想持续提升自己的影响力。

在有了一定思考之后，你需要选择目标人物，可持续输出内容获得他们的信任与欣赏，而路径则是公众号、微博、抖音等社交媒体平台，如果有付费的社群，还可以付费加入，以建立后续的联结。

付费是捷径，但也只是开始，尤其当你财力有限时，每次付费后请主动建立联结，榨干价值。在有了对方的联系方式之后，还可以主动做一些吸引其注意力的事，比如朋友圈点赞、评论等，即使牛人的朋友圈，也不会动辄上百条评论，你每一个举动都是一次联结。

我自己从 2016 年开始参与各类线下学习的时候，会主动与分享嘉宾合影，建立联系，并交流听完课程的心得。

（2）向话题借力：对舆论保持敏感

在输出内容的时候，如果你能找到一个热点进行结合，那么曝光量将大大提升。但需要谨慎，避免画虎不成反类犬，如果硬找结合点，很容易变成无病呻吟。

你可以关注微博、抖音的热搜榜，而网感就是在持续地关注和不断地输出中沉淀下来的，如抖音、视频号、头条号、百家号等平台发布内容的时候，都可以带上一个匹配的热门话题。

在发声这件事上，不要害怕惹争议，任何话题都有争议性，有人同意就有人反对。这也是开启输出的时候必要的心理素质，无视那些无理的批判。打造个人品牌，前提是破除自己的玻璃心。

最后强调，借势获得关注只是过程，不是目的，请紧盯自己的最终目标，尤其是商业价值。

个人品牌实战运营

在流量越来越贵的时代，转化率很多时候比覆盖量重要得多，正所谓 1000 个铁杆粉丝的价值比 10 万普通粉丝更有价值。希望你也立刻行动，建立自己的好友圈，圈定你的铁杆好友们，以此开始从 0 到 1 的蜕变。

1. 从 0 到 1 的微信号运营

（1）微信昵称

建议不要用带 "A"、带 "0"、带电话号码或带特殊符号的昵称，尽量要好记、要好输入。昵称可结合自身业务拟定，比如 "孙凌—校园市场"，而我推荐直接用个人名字，比如我的昵称是 "孙凌（Reborn）"，添加我为好友，都不用再单独对我进行备注。而反面例子则是一些空白昵称以及生僻字的昵称。

（2）微信头像

尽可能用本人照片，积极正面即可，背景可结合个人业务特征，展示适合的头像。

（3）微信 ID

核心要点为：好输入，便于他人检索。可尝试与个人业务特点、姓名相结合。

（4）朋友圈内容分布

朋友圈内容分布上，首先保持日更，一天建议为3—4条，内容上，40%为生活和工作内容、30%干货内容（围绕定位展开）、20%广告内容（广告目的、直接成交）、10%互动内容（段子、抛出疑问）。运营的时候最初需刻意操作，比如定好闹钟，按节点发布，后续逐步有了感觉，则会形成习惯，不需再刻意操作。

（5）朋友圈发布时间

常见的发布时间是9点至10点，12点半至14点，18点至19点，21点至23点，不同人群、区域会有不同。但原则是发布时间为目标用户有空刷朋友圈的前十分钟到1小时。

（6）微信好友数量

可通过微信公众号、微信社群以及站外公域平台，用一些干货信息导流，获得新增，比如领取思维导图、特定福利等，而朋友圈也可策划一些裂变破圈活动。

我不建议在社群内盲目添加好友的做法，虽然这个方式确实能有效增加好友数量，但请注意从添加到打招呼各环节的话术，不要一味地复制粘贴。运营并不是一成不变的，尤其是新的媒介、新的技术，都将带来新的运营思路，请积极拥抱变化。

2. "情趣用品"思维经营朋友圈

对于知名人士而言，做个人品牌最适合的场景，在公域平台，如抖音、小红书等，一些明星在入驻当天就能获得数百万乃至千万的粉丝。

平台本就是嫌贫爱富，对于自带流量的用户，将毫不吝啬地给予更多流量倾斜。

但对于普通人而言，本身无名气，内容创作能力也还在逐步提升中，很难一开始就在公域平台拿到结果。

因此，相比公域完全陌生的流量，大部分的人个人品牌起点，都是从打理自己的个人微信号开始。

你每次通过朋友圈进行的互动，也是在训练自己的网感，这也是写好文案的重要一步。在朋友圈发布内容的字数可以逐渐增加，慢慢地写作不再是压力。

在运营朋友圈的时候，你日常分享的内容将决定自己在他人眼里的模样以及对应的个人品牌形象。朋友圈如何发？我下面说的这个词，你一次就能记住："情趣用品"。

情，情绪，能引起他人的共鸣，协助进行表达。

趣，趣味，生活、段子，幽默的人不会遭人讨厌，也更加贴近生活。

用，有用，有一定的功能价值，贴近业务专业上的内容。

品，品位，展现一定的生活品位、价值观。

你可以看看自己的朋友圈，是否命中上述四点中的一点，展现出我很忙，但我也有价值，而不是纯广告。

同时，当你被添加好友时，如果开通了视频号，也会在朋友圈下方展示，所以建议用好视频号，至少用一条视频简单介绍自己，这将立体地呈现你自己。

比如我视频号的第一条是常见的十年故事，就很好地展示了自己，也能获得很好的曝光。

3. 用数据思维指导个人输出

创业就是享受延迟满足的过程。很多看起来突然爆红的人，其实都是享受延迟的喜悦，背后有长时间的沉淀与积累，才有了破茧而出的一天。

想通过个人品牌实现跃迁，一定是点点滴滴的积累。而那些突然爆发，但底蕴不足的人，注定无法长红。

想实现长期的坚持专注输出，你需要找到自己的原动力，以及学会寻找积极的反馈。只要你用心观察，持续的输出，会不知不觉地改变你给予他人的印象，而这些一点点的变化，就是最好的正激励。

在日常工作中，我不断强调，大家要有数据意识。有人称之为结果导向，但除了结果，数据同样展现了过程。数据思维，简单说就是假设、验证、执行、再假设的过程。具体可以拆解为三个步骤。

①用可掌控的数据（自有的、公开的）进行原因分析。

②分析数据，提出假设，拿出解决方案。

③验证解决方案，通过验证不断优化。

数据虽然只是工具，但本质也是用户的直接反馈，目前主流的内容平台在创作后台都有详细的数据分析，通过这些数据，我们可获得最直接的结果反馈。

数据思维的第二阶段则是在投放时的应用，你在公域平台想要获得更大的曝光，需要进行费用的投入，而只有洞察数据，才能计算投放成本的高低，是否划算。

我还记得早期做公众号的人，直接投官方广点通拿粉丝，然后卖广告变现，很快形成增长飞轮，规模不断增大。后续官方的流量成本越来越高，就通过各种渠道吸粉，比如体脂秤、纸巾机、线上支付页面、线上开发票页面、停车缴费页面，以及快消品的一物一码等。同样地，抖音"dou+"广告，小红书的聚光，以及知乎的超赞包，在初期性价比也是超高。

有人说，做个人品牌，就是学会自我营销，我认可这句话。但做个人品牌更大的价值，则是在营销自我的过程中让自身能力也得到了进一步成长。可能起初你与给自己设立的人设存在距离，但最终你与人设合二为一，这也是倒逼自己成长的过程。

输出技巧及注意事项

打造个人品牌，离不开输出内容，目前的内容平台有很多，类型上也有文字、图文、短视频、长视频以及直播等形式。但本质就两种类型：写作和演讲。

在写作的过程中，你更容易进入心流状态，让自己更深一步地思考。而演讲的过程中，与听众之间的互动，也可能让你产生新的思考。

在我看来，写作和演讲都是高效利用时间的方式，我们花一个小时写出的文章，可能被 10 个人、100 个人乃至 1000 个人看到；演讲的时候可直播，也可录制视频，以及切片为短视频，作为长期传播的素材。这就是典型的将时间卖了多次。

1. 学会讲故事

阅读能力需要刻意训练，是因为绝大部分人已经丧失了仔细、深度阅读的能力。我要求自己的学生，刻意训练"一字不差阅读的能力"。

但反过来，你做内容的时候不能这样刻意地要求用户，而更需要顺应用户。用户更能接受的是什么？不是大段大段的干货，而是故事、金句。

无论是写作还是演讲，你需要学会讲故事、讲案例，把自己想要传递的信息融入故事。面对让人昏昏欲睡的干货信息，案例更能吸引听众保持注意力。

对于企业的营销人员而言，讲好故事就是超级营销，能撬动超级杠杆。

具体一点，可以讲产品的故事、用户的故事、创始人的故事、合作伙伴的故事、投资人的故事、客户的故事、员工的故事、学员的故事以及行业的故事等。

2. 清晰的逻辑感

在很多写作的课程里，都会提到《金字塔原理》，这本书也被麦肯锡所推荐。如果换成我们中学时学习的写作模式，就是"总—分"的形式，先阐明观点，再分点论述。

如今，我写长文的时候已养成一个习惯，那就是在文内用"1、2、3"分段。这种方式让文章更有层次感，降低读者的阅读压力，同时，也让我在写作的时候能够不自觉地进行逻辑梳理。

在我们进行演讲或者与人沟通的时候，也可以融入"1、2、3"的策略，这可以使听众感觉到的内容逻辑感完全不同，例如，对于这个问题，我有三点思考：第一……第二……第三……

这种陈述方式，听众会不自觉地感到你的专业度和自信，对于我们自己，同样也是一次逻辑梳理，将想表达的内容，梳理得更清晰。

3. 提前准备逐字稿

一场好的演讲，一定离不开一场精心的准备。

准备稿子，并不是上台去读，而是做一件事的心态不同，结果也就会不同。

当你有了准备，自然会更自信更有勇气。公开演讲最难的部分，往往是我们刚上台的那一刹那，很多时候，你缺少的并不是舞台，而是站上舞台的勇气。

曾经我自己去一些高校、论坛做分享的时候，邀请人常说不用准备，你来了就行，随便讲讲。有大量的演讲者真的就随便讲讲。我有段时间也是如此，但后来我参加得到高研院线下学习的时候，看到一些演讲高手不仅准备稿子，还是逐字稿，这对我的冲击很大。

如果你第一次在公众面前演讲就想取得更好的效果，可以先自己试讲、录音，然后自己听完再打磨。

当你第一次从录音回放中听自己的声音时，会有错愕感，甚至觉得难听，而这个坎逐步迈过就好了。

此外，你还要重视每一次对外的自我介绍。自我介绍就是一次自我曝光的机会，请清晰告诉别人你的名字，以及想要打造的那个标签。

自我介绍的核心，不是展示、显摆自己，而是告诉听众，你能帮他们解决什么问题，只有这样才会让他们留下记忆。

4. 内容输出注意事项

每个人都需要尝试经营自己的个人品牌，而在所有的策略之外，真诚是一切的基础，在此基础上不断学习。

当你开启输出的时候，遭遇质疑乃至无理由的指责，都极为正常，但更应担心的不是指责，而是自己的内容压根没人看见。

如果你还未行动，可以先打消顾虑，让自己先能被看见，而只要你是在真诚地表达自己，终归会通过优质内容吸引到一批认可你的用户。

雷军在 2024 年开卖小米汽车后，新能源车的营销圈又卷了起来，很多人说雷军的套路多，一招接一招，又是在发布会鞠躬，又是给车主开车门。这些动作让一些友商效仿，但最终模仿得很无力，甚至有车企的高管学习雷军的样子开完直播之后，由于受到一些网友的指责，反而在微博上怼网友，认为说小米好的都是阿谀奉承。

这种现象的出现，核心是底层思维不同。

当其他新能源车厂商觉得小米在作秀的时候，雷军的一系列动作却是透露着真诚。真诚地做一些事，需要经过时间的考验，也渗透在细节之中。只有展示真诚，其传递出的个人品牌，才能保持一致性，否则前后不一致，人设总有崩塌的那一天。

很多朋友感叹不知该输出些什么，这显然是由于输入得太少，真正好的输出不是矫揉造作，而是来源于真实感受，这就需要你不断地输入。

我建议你养成日积月累的习惯，多记录自己的点滴思考，并且在记录之后定期翻阅，否则这也是无用功。

通过持续地输入、梳理，你可以形成一套自己的方法论和价值观。

一个产品，或是个体的品牌，核心是价值观的体现。

打造个人品牌，一部分靠包装，另一部分则靠立下目标，推动自己不断成长前行的过程本身也值得分享。

第四章

你的人生需要写作

重新认识写作

写作是一种底层能力，在各个行业、各个岗位都需要用到，而我一直鼓励学生写作，因为世界的红利在向表达者倾斜。

从 2015 年开始，我已经撰写了 1000 多篇原创公众号文章，而写作确实助力了我跃迁和逆袭。

许多人将写作当成中学时期的作文，或狭隘地理解为作家、自媒体大 V 的专属，而动笔远比你想的简单。

1. 找到自己的写作目标

在自媒体爆火几年里，从公众号、知乎到小红书，有很多课程讲授把写作当成副业，靠其变现，也确实出现了一大批的优质变现者。

但我个人认为，写作更大的价值，是助力自己的职业发展，通过写作成为一个更专业、更职业、更理性的人，通过传播获得更多关注、更多职业机会，而不是直接变现。毕竟仅靠写作就成为大 V 的人只是凤毛麟角，而一些知识付费圈的老师，很多也只是抓住了一波平台的红利。

在写作的过程中，我的心态也经历了三次变化：最开始是害怕写，不知道能写些什么，这也是大多数人的状态；后来是为天天想写，遇到一些事情、启发就希望记录、表达出来；而现在，我变成了不轻易写，因为看到过往的一些文字，不甚如意。

所以，你也可以结合自身情况，自己制订一个写作目标，并关注结果反馈，比如：

①你想打造个人品牌，那需要有一技之长，检验方式是个人影响力。

②你想要快速提升流量，那需要有一定读者基础，检验方式是文章阅读量。

③你想要赚稿费，那需要愿意花时间练笔，检验方式则是收获的稿费。

④你想要写好推广文案，需要先有推广的产品或服务，检验方式是商品转化率。

⑤你想要提升结构化表达能力，那检验方式是沟通质量。

⑥你想要自我疗愈，那检验方式是开心就好。

除了目标外，如何找到自己写作的内容方向呢？我的建议是从你的爱好入手，而爱好则藏在你的特长里，正如我在个人品牌章节里提到的"定位"，你还可以思考希望自己成为什么样的人，以及你周围的人、事、物，都有可能成为你的素材。

制订目标，找到方向，接下来就是开始行动了，而行动后获得的反馈，将激励你坚持写下去。

2. 写作的前提是倾听

在日常生活中，除了写日记，你写的大部分文字，都是给别人看的，换句话说，写作的目的就是希望能影响他人。

比如写方案，目的是让领导、客户，审批和同意方案；而写自媒体文章，目的是影响到读者，提升自己的影响力或实现商业变现等。

这个时候就需要换位思考，一篇文章，除了满足自身诉求，还满足了读者什么需求？如收获新知、情绪价值、猎奇或者是娱乐放松，围绕这个角度思考，一次写作的过程，可分为以下四个步骤：

①选题符合账号的定位，契合用户需求，能戳中用户痛点，关联时事热点。

②框架清晰、合理、有逻辑感。

③素材具有合适性、可读性、新颖性。

④行文流畅、言之有物，表达简洁，最好有一定个人风格。

在细节上，也需要不断调整，比如我自己在写作过程中，也会反思调整，以前的文章里习惯出现"我们"，后来逐步刻意地调整为"你"，让读者有一对一的感觉，这篇内容就是为他所写。

但很多人写作时都会陷入自嗨状态。有一个观点，说的是表达欲很强的人反而写不出好作品，因为太以自我为中心，可写作的本质不是表达，而是倾听。

倾听的逻辑就是，读者想要表达什么，你去替他们表达。因此，想要避免自嗨，就需要去思考寻找目标用户中共同的主题。

例如，我的一些文章虽然以我个人为案例，但阐述的是和我一样的普通大学毕业生，通过自己的一些努力、思考获得不错的职业发展，就容易引起大部分大学生的共鸣。毕竟 90% 的大学生，其实都是跟我一样的双非普通大学生（非 211、985 重点高校学生）。

你如果在微信公众号或者其他自媒体平台写作，后台均可看到自己的关注者（粉丝）的用户画像，可以主动去关注这些数据，进行更匹配的内容产出。

此外，如今大部分读者都已经用手机阅读，那对于创作者而言，切勿挑战读者的耐心。站在用户角度，文章尽量表达克制，切忌冗长，比如语言精辟，结构紧凑等，以更符合用户需求。

你倾听用户，基于对目标用户的了解去写作，才能避免自嗨。

新手写作入门

我自己写作十年，也带不少学生开启自己的写作之路，下面分享我总结出的基础写作五步法，也将会重点展开选题和框架。

第一步：找到新鲜的题材，勇敢动笔。在你刚开始写作的时候，写的好坏不重要，重要的是动笔，勇敢地对外展示。

写好一篇文章与发一条朋友圈没有什么本质区别，都是一种表达方式。

写什么并没有限制，关键是表达出自己此时此刻的想法，能让读者感到"原来如此"或者"原来不过如此"的内容，都是好的题材。

第二步：让主题画面凸显出来。写作很重要的一点就是突出主题，让他人领悟到你想表达的内容。你可以回看自己曾经写过的文章，表达的主题是否突出，是否掺杂了太多无用信息，以至于别人看完后，不知道你在说些什么。

我最开始写作的时候，也担心字数过少的问题，当时给自己定下每篇文章 1000 字的小目标，但就出现了凑字数的现象，这时需要的是裁剪，字数少点就少点，把主题事物重点写，无用信息作删减。

第三步：记录具有动感的故事。金句、鸡汤很重要，能够让人眼前一亮，但只有故事才能更立体地凸显主体，并让人记住。

"我有个朋友"这种"无中生友"的开头，其实就可以给人代入感。学会讲故事，是一项重要的能力，注意轮廓、细节和情节。轮廓是你对故事的整体看法和态度，细节支撑主题，情节则需要线索串联。

随着生活阅历增加，比如我文章里的许多学生，都是真实存在的案例，我复述他们经历的时候，也会让自己对想阐述的主题有了新的感触。

第四步：让读者产生共鸣。在写作的进阶中，需要注意自己的写作目标。围绕目标，理清主题、寻找素材，以及案例故事。为了让读者与我们产生共鸣，写东西之前需要对对方有一定程度的了解，以对方的认知体系为前提进行交流，方能做到有的放矢。

如果能实现让人认可，主动转发朋友圈，则可视为成功引起共鸣。

第五步：形成自己的风格。没有风格的作品，永远是可以被代替的。不要简单模仿某位名家或者大 V 博主，很容易让人认为这是廉价的复制。我的方式是，在写作中融入个人经历，以此实现差异化，技巧不重要，感情最重要。

最开始写作，大部分人都是痛苦的，但你需要记住，万事开头难，只要你动笔了，就成功了一半。我自己最开始写作，其实是在 QQ 空间，一篇文章获得几十个阅读量，好几位同学的点赞，后续文章能有几百阅读量，让我颇有成就感。先培养将想法转化为文字的能力，不必过于追求完美，想到哪就写到哪，再反复思考修改，才能不断进步。

在具体行动上：

第一，写下你当下所想的，一点一滴地积累。

第二，通读然后修改，直到你自己满意为止，如果遇到卡点不知如何优化表达，不妨试试 AI。

第三，分享出来，尽可能让更多的人看到。无论鼓励和表扬，还是一些能够帮助你改进的建议，都很有价值。

1. 写作如何找到好选题

写文章其实跟销售在本质上是相似的，都是在推销东西。只不过销售员推销的是商品，而作者推销的是自己的观点。一个好的选题，就好比新产品有了爆品的潜力，这就容易达成销售目标了。

人们在策划选题时常犯的错误有：过于自我、个性的表达，阅读对象不匹配，三观不正，文不对题，"调性"不符合等。要寻找好的选题，我总结了三步。

（1）明确读者对象

你有能力理解多少人，就有机会影响多少人。如果拥有同理心和共情能力，能理解人性，洞察人心，懂得人性的善与恶。那么，你就能写出一篇篇让人深有感触的文章。

如果追求被广泛认可，那内容就要抛弃精英主义，越是想要做大做强，越是要俯身去看大众，倾听普通人的声音。

（2）关注热点、竞品和日常生活

第一，很多平台都会有热搜、热文，而如新榜这种服务内容创作者的平台，则会整理出热点方便大家查阅，这些都是你可以去找选题灵感的地方。

第二，关注竞品的账号，这是比较偷懒的一种方式，并且对方文章的阅读量表现也相当于为你增添了选题对否的依据。

第三，留心日常生活话题，这是许多人容易忽略的一点，包括你自己的日常生活，以及你在朋友圈里看到的内容，可能给你带来启发。

（3）坚守价值观

作者还是要有自己的"内核"，即"核心价值观"。不能盲目迎合读者，更不能盲目"取悦"读者，就算是"取悦"，也只在对的方向上"取悦"。每个作者的价值观体系都不同，读者也是如此。你的价值观将吸引认同你的人。基于文化水平和理解能力不同，不同的人对同一个事物的看不一样，这非常正常。

对于价值观，在我看来，不能只迎合，还要"引领"，作者想要写出好文章，还必须有能够"引领"读者成长的内容。选题方向离不开日常储备，我的习惯是：

①素材随时记录。当看到一些好的内容、句子的时候，我常用的动作是截图、收藏、复制到备忘录。

②灵感随手记录。当有灵感、感触的时候，及时做记录，我会用微信语音录入，发送给我自己，后续再进行整理。

③定期整理素材库。面对相册里的大量截图，微信里收藏的大量文章，以及备忘录中零散的金句，需要进行定期整理，按自己的框架，沉淀在文档中。

④每天坚持阅读。读好的文章、看好的内容，朋友圈也是重要的信息来源。

持续地阅读和学习，保持随时记录的习惯，再加上时间沉淀出网感，相信你不会再为选题苦恼。

2. 写作框架之爆款模板

很多人写作无法动笔，或者写的文章缺乏逻辑，这是因为缺乏一个好的写作框架，不知该如何下笔。

搭建写作框架有三个"不要"：不要东扯西拉、不要长篇大论、不要贪大求全。下面我推荐四个常用的写作框架模板。

（1）三段式写作：总观点＋平行2—3个分论点＋结论

论点之间不是递进关系，而是并列关系，相互独立，但又共同服务于主旨。

例如，我的《提升认知的秘诀：阅读、旅行与牛人交流》这篇文章，总观点就是这个标题，而三个分论点分别是：阅读提升人的认知，旅行提升人的认知，与牛人交流提升人的认知。

对于写作新手，我比较推荐这种方式，标题即结构，结构即标题，展现上清晰直白，作者在写的时候思路清晰，读者也容易阅读。

（2）深挖热点式写作：提炼热点观点＋围绕观点集中论述

热点可以是热门新闻、热门影视剧、热门人物等，论述过程可以逐步深入。

当年有个综艺节目，有一期节目的主题是"寒门难出贵子"，话题一度上了热搜，于是我也写了篇文章《寒门再难出贵子，普通人如何逆袭》，开头就提到，如今重点大学里农村家庭学生的占比和20年前的数据变化，接着阐述我给予的应对策略。

在深挖热点的写作中，惯用的写作方法是从热点事件中引出自己的观点，再展开论述，论述的节奏和逻辑会根据选题的不同而调整。

你要学会抽离于现象本身之外，站在更高、更客观的角度去分析问题，引导思考，甚至提出解决方法。

（3）正反论比式写作：观点先行＋反面例子＋正面例子＋方法论＋结尾

正反论证会让论点有层次上的递进，也会让论点更有说服力，这是一种被广泛运用的论述方式。

以我的文章《大学只是一个路口，让不同人相聚在一起》为例。文章的观点是，每个大学生都应该尽早规划自己的路径，不要只看到现在的假象，似乎大家都打打闹闹，其实都有自己的道路。

第一部分是反面案例，未做规划的学生，在毕业的时候面对的落差和焦虑。

第二部分是正面例子，有规划的学生，哪怕出生普通家庭、普通学校，也能把握不错的机会。

第三部分给出建议，建议学生尽早规划、尽早行动。

（4）解决问题式写作：提出问题＋分析问题＋解决问题

简而言之，这种格式的论述顺序是：是什么—为什么—怎么办。

这种格式常见于一些社会事件问题的写作中，文章针对目标人群的特有问题，也能够切中用户痛点。

例如，我的文章《学生为何进入大学后感到迷茫》，提出一个大学生共有的问题，而分析问题的本质，是天马行空的想象但却对未知结果感到恐惧，给出的解决策略是立即开始行动。

写作有形，而文字无形。文章是没有固定章法的，我提供的模板只是一种形式、一个论证的逻辑思路，它并不能保证一篇文章一定会成为优质文章。因为，一位好的作者，想要创作出好的文章，需要历经模仿、消化、创新、创造的漫长过程。

爆款写作进阶

掌握了基础写作能力后，你可以通过优化标题、可读性，以及蹭热点等方式提升文章阅读量，而爆款文章背后更是素材、网感的持续积累。

1. 如何取一个好标题

取一个好标题并不是标榜标题党，但酒香也怕巷子深。传统的纸质书，书名很大程度影响了销量，而在线上平台，一篇文章的标题则直接影响点击率，而从曝光到点击的情况，则影响平台是否愿意推荐你的文章。

一篇发表在新媒体平台的文章，其阅读量由很多因素决定，如热点、时间点、选题痛点、信息增量、形式、文笔、素材等，标题则决定了文章阅读量的下限。

爆款文章的标题主要有五种形式：

①知乎体，引发好奇心，例如《如何优雅地吃土？》《如何

想清楚，什么对自己最重要？》等。

②悬念体，标题末尾带着省略号，例如，《打败爱情的从来不是时间，而是……》《拉开孩子之间差距的，不是智商，而是……》。

③"最"体，标题里带"最"的"爆款"太多了。大多数人都对第一感兴趣，都想一窥那个"最"。例如《这三类孩子，未来最有出息》《这，才是女人最好的生活状态》。

④仪式感体，例如，《2025，致自己！》《春分：万物生长，未来可期》《元宵节：最美不过团圆》等。

⑤对称金句体，比如《人生何必纠结，放下便是晴天》《没事早点睡，有空多挣钱》等。

标题很重要，但如果停留于标题党，吊起了读者的胃口，容易期望越大失望越大，不利于培养与用户的信任关系。写作应该给读者带来满足感，这是非常重要的。如果你写的内容能给作者惊喜，即使你的标题不那么出彩，也还是可以依靠转发，获得很高的阅读量。

建议你给自己建立一个选题库，收藏与你想输出内容接近的账号、文章，不知道写什么的时候，可以查阅下找找灵感。但不管文章主题是什么，你都应该尽量在标题里体现人们熟悉的事物，让读者感到，这篇文章与我有关。

2. 好文章体现于可读性

什么文章算好文章？每个人都有自己的理解。在当下，我认为好文章，或者叫有传播力的文章，一个重要体现在于可读性。

如果你想提升文章的可读性，建议在开头、中间和结尾都放置能打动人的素材，要在不同的阶段都让读者的情绪达到一个制高点。

文章开头要短、平、快。开头不需要长篇大论引出观点，有时候三言两语足矣。常见的四大类型：开门见山、故事引入、痛点先行、反常理。

开头尽可能引起读者的好奇心，方向直接或间接引导到主旨的方向去，切忌补充无效信息，不要消耗读者的耐心，一定要克制，要言之有物。

文章中间最好有金句。什么是金句？金句主要有三个特点：短小精悍；朗朗上口，读起来节奏感强；具有启发性，能引起共鸣。金句能唤起读者的情绪，也容易引发读者分享、转发的行为，而前提是保证素材是优质的。

如何提高写金句的能力呢？首先，用好手机的备忘录，或者一些笔记 App，日常多积累好句子，量变会产生质变。其次，就是模仿和改编，这需要对语感有积累，改编后，可以多读几遍，读得顺、感觉舒服，才是一个好句子。

除了金句外，内容上要善于用短句。短句读起来轻松，没有压力，不会消耗读者过多注意力。如果需要长篇论证，那请先学会讲故事，用故事辅助输出观点，用观点总结故事。讲故事，要做到完整，起因、经过、高潮、结尾都要有，但记住，故事只是论述素材，简洁说清楚就好，不要长篇大论。

一篇之妙，在于落句。结尾收得好，对促进文章的传播起着关键的作用。好的结尾能够把用户"想分享"的情绪调动到最高，让读者按下"分享键"。常见的结尾写法有：旁征博引、呼吁行动、展现愿景、放置金句、落脚生活等。

3. 借助热点写出爆款文章

写爆款文章的一个很重要的技巧，就是蹭热点。热点本就聚集了公众大量的注意力，一个寻常的观点，如果能搭上热点的快车，数据呈现会完全不同。

热点是什么？顾名思义就是当下最被广泛关注、讨论的话题点。比如，你在微信公众号、朋友圈、微博、抖音、头条等，到处都能看到人在讨论的事情。

借势热点的具体要求有：速度要快、角度要新、嗅觉要准、来源要对。对于普通人来说，写爆款文章，拼的是速度，比的是套路。尤其是写作新手，或许角度、嗅觉欠缺，但只要有执行力，按套路去写，最终获得的数据也不会差，而数据结果能激励你坚持创作，嗅觉、网感离不开积少成多的过程。借势热点，需要注意的细节有：

①标题结合热点，能够吸引用户点击。

②开头从热点事件引入，引起大多数读者的兴趣，使他们想继续往下看。

③结尾扣题，能把大多数用户的情绪和共鸣推向顶点。

自媒体写作高手往往具备足够的嗅觉，或者叫网感。但网感不是天生的，而是来自主动思考，形成条件反射，训练网感最重要的就是读者分析。

与传统媒体看重个体的独立思考和表达不同，如今的线上写作，更多是帮读者实现表达。写作高手都会进行深入的、大量的用户研究，基于对读者兴趣的理解，站在读者角度进行创作。

在写作的过程中，一定要牢记写作目的。有些人善于倾听，能快速抓住热点，使内容获得关注，但吸引到的用户并不是自己需要的用户，无法实现闭环的转化。

粉丝数量固然重要，也是重要的指标，但不用盲目追随数量，如小红书平台，一些千粉甚至只有数百粉丝的账号，都实现了不错的商业转化，值得大家学习。

4. 素材积累从笔记开始

提升写作能力基本功，需要积累素材。很多人写作时不知如何动笔，还是由于自身的积累不够，因此有句话叫用输出倒逼输入。这里的输入可以是看书、旅行，或者与牛人交流，但凡给你的写作增加素材的都能算为输入。

在实操上，你可以先从记笔记开始，在校同学可以写读书笔记、学习心得，职场人士则可以写工作笔记，以及你遇到的特殊经历。

写读书笔记就是典型的倒逼自己输入，读了书，把自己的收获和想法写下来，才能更好地把书中的知识变成自己的东西，这些笔记还可以为你未来的创作积累素材。如今记工作笔记已成为我的习惯，因为我想避免重新造轮子。工作笔记，既是为了不让自己犯两遍同样的错误，更是为了不断积累成功的经验，尤其是记录下重大的失败和启发。

我会在笔记软件上，每天流水账式地记录自己做的事情。不要小看这个"流水账"，事情多的时候，真的容易遗忘一些细节。很多哪怕让你在一瞬间极为兴奋的灵感，也会随着时间消散，这非常可惜。

在写笔记的过程中，为了达到练习写作的目的，最好努力做到表达清晰、行文流畅、准确用词，不要因为只是自己阅读就错别字满篇，文法乱七八糟。此外，内容上不论是对客观对象的描写，还是对自己想法的记录，都应当追求真实。

最后则是做好删减，切勿废话连篇。一篇好的文章，语言应当是精炼的，你不必盲目地追求所谓的字数。任何人只要坚持每天写一点，刻意练习半年时间，其写作能力就将有所不同。

5. 提升网感从公开写作开始

网感是新媒体作者在社交媒体平台写作时的撒手锏。我在招聘内容运营、新媒体运营岗位的时候，如果只能看一个点，那就是网感。

网感强的优势在于有时候可以掩盖文笔不够好的硬伤。网感强的人，自学能力极强，能够快速跟进，以及二创一些有话题性的内容，而这一切大多是条件反射的自发行为。那么如何培养网感呢？这就需要你留意新鲜事，做到每天浏览各大新闻网站的热门新闻，甚至是社交平台的热门话题，尤其对自己所在赛道的热点了如指掌，这些都是新媒体创作者的必修课。

无论是图文的形式，还是短视频，如果你的内容让读者惊叹，产生"我就是想要如此"的想法，那么作品的阅读量肯定不会低。

我非常鼓励公开写作，并且可以尝试投稿。投稿的时候，需要对目标账号进行一定分析，参考其历史文章风格，创作或修改为较为匹配的内容。如公众号、头条号、百家号、知乎、小红书等均是投稿途径。

自媒体的圈子其实非常小，甚至二度人脉就足以打通整个圈子，还是那句话，世界的红利向表达者倾斜，正是由于大部分人不表达，只要你开启输出，就能拿到红利。

但是，不要盲目追求日更。低质量的日更不如写一篇是一篇，追求频率永远不如追求影响力。据说乾隆一辈子写了 3 万多首诗，但没有一篇被人记住，而同时代的纳兰性德，一句"人生若只如初见"，一句"我是人间惆怅客"，流传至今。

如何写好一封工作邮件

工作邮件是职场必备的写作场景，一种正式的线上沟通方式。

工作邮件最基本的结构是，开头称呼，结尾感谢，如果第一次给对方发邮件，先介绍自己是谁，再说清楚想沟通的内容。

在内容上，容易出现四类误区，需要杜绝：

①不想留底的不要写。

②没有深思熟虑的不要写。

③负面的东西不要写。

④靠文字讲述不清的不要写。

在工作中，如果对一些法律法规的定义感觉模糊，类似这样的问题就不要用邮件讨论，否则可能成为"明知故犯"的证据。而一些气话就是典型的负面内容，也不要出现在邮件中。写工作邮件、工作汇报，请注意自己当下的心态，心平气和的时候更能准确地传递信息。

而有一些信息，我非常建议你用邮件确认：

①重要的、需要留底的内容。比如领导给你的承诺，客户给的承诺等等，在一次谈话中，为了避免自己误会歧义，也为了避免对方头脑一热，可以及时发送一份邮件进行确认。

②会议记录摘要。在职场里，你一天可能会参加很多的会议，但如果每次会议，你都能记录下来，并且邮件抄送给参会者，这是非常出彩的举动。这是一件小事，很多人不屑于做，但你做了，在领导面前就脱颖而出了，并且很能锻炼自己的领导力。

③重要的通知和安排。这部分内容不能简单地用微信或者口头告知，还需要一份正式的通知，而如今电子邮件也早已替代了纸质通知文件。

一份工作邮件，尽量只讲一件事情，并且把重要的事情放在前面，如果邮件需要发给不同的人，最好还能根据收件人的不同来修改一部分主观的表达。

写作，作为职场人的基础能力，可以更好地展现自己的能力、产出，而不应成为减分项。加入一家新公司，不了解内部沟通风格，也请记住一句话：礼多人不怪。

第五章

沟通表达进阶

沟通是一场无限游戏

作为一名性格内向的人，我并没有预料到自己进入大学后，能参与各种大赛路演，还能参加辩论赛，更不会想到自己毕业后去到了百余所高校进行分享。

有学生问我演讲的技巧，其实除了技巧之外，我更建议你结合自己的经历、思维方式，形成自有的表达风格。

在动物界内，海豚是高智商的动物，它们能发出各种哨声和滴答声。灵长类动物更是如此，你如果观察猴子和猩猩，会发现它们有频繁的社交活动，还会出现快乐和焦虑，同辈间会吵架拌嘴，也会由于幼崽的哭闹而被惹恼。但这些动物所传递声音的复杂程度远远无法和我们人类相比，语言在一个角度上，就是人类和动物的差异点。

人类的语言可以符号化，可以抽象，可以比喻，以及描述不在眼前的事物，比如过去的、未来的、虚拟的事物等，而动物的语言大多数停留在本能的存在，比如表达情绪、欲望，逃避危险。

语言的表达是大脑发育的外化特征，人类能够进化得比其他物种都迅速，原因有很多，其中非常重要的一点，就是人类掌握了复杂的语言沟通的技巧。

这让人类在遇到陌生个体的情况下，也能够快速地通过语言进行信息交流和合作，让人类文明向前迈进了一大步。

1. 沟通高手会保持开放性

你从 1 岁多开始到现在，每天的生活都离不开语言沟通，只要你与他人接触，就不可避免地需要进行沟通。

那些会说话的人更讨人喜欢，几句话就能给人精神上的鼓舞，促成一次简单的合作，与这样的人相处很舒服自在。相反，许多人说话不顾及他人、不顾及场合，这常常会造成摩擦，影响后续关系的处理。

石油大王洛克菲勒曾说："假如人际沟通能力也是如糖或咖啡一样的商品，我愿意付出比太阳底下任何东西都珍贵的价格购买这种能力。"由此可见，语言促进了人类文明，沟通表达能力则决定了个人的未来的发展。

美国哈佛大学的一项研究通过 70 多年的追踪调查，发现拥有更好人际关系的人，还具有更高的健康水平。

而我个人的观察，发现沟通高手们都有一个共同点，那就是在沟通的时候保持开放性，即使无法达到预想的结果，也不会关闭沟通渠道。

只要你跟对方的沟通没有结束，就代表着有沟通成功的机会。所以，沟通是一场无限游戏，不要轻易断开一场沟通，留有余地是基本习惯。

2. 有效沟通离不开目标感

许多人反馈自己努力了，怎么离目标差距还越来越大，因为前进之路犹如逆水行舟，需要有对的方向和持续的努力，才能穿过上升的窄门，否则就是南辕北辙。方向、目标是你前行的前提，沟通也是如此。

《爱丽丝梦游仙境》这本书里，爱丽丝与妙妙猫在十字路口有段对话：

　　爱丽丝询问妙妙猫："请问离开这里，我应该走哪条路呢？"
　　妙妙猫回答："这主要取决于你想去哪儿。"
　　爱丽丝说："我并不在乎去哪儿。"
　　妙妙猫打断她的话，说道："那么走哪条路都无关紧要了。"

在一场沟通中，如果你自己都不知道想要实现什么目标，那么这场沟通本身就谈不上好坏，随意聊聊打发时间即可，而打发时间其实也是一种诉求，至少要聊得让自己开心。

设立沟通目标，可以让我们匡正和反思自己的策略与行为，尤其是职场里的沟通，目标更是前提。有了目标后，在沟通中随时回顾，可保障自身利益，避免失焦，被对方的话术带着走。

在设立目标时，尽量使用开放的愿景目标，而不是仅仅有一

个最终结果。设定善意的目标，共同的愿景，凸显作为共同体的
"我们"，而不是"我"和"你"。

举一个真实的例子。在筹备新产品推广的时候，负责产品的
同事 A 和负责推广的同事 B 出现了争执。

A："波波，推广方案做完了吗？领导要看。"

B："什么时候说还需要方案了，你只说了让我协助推广，
没说需要做方案呀？"

A："怎么没跟你说呀，这不是常识嘛，而且我强调了领
导需要看流程步骤的。"

B："你什么意思啊，领导跟你说了，又没跟我说……"

这几句对话，大家可以明显感受到，双方都已带上了情绪，
但如果一开始，在沟通目标里有共同愿景，则会完全不同。

但换一个善于沟通的同学会这么说：

波波，这段时间辛苦了，请问产品的推广方案做完了吗？
如果做完了需要发给领导看下，如果还没有，看有什么需要我
协助的，我们一起商量下尽快完成，按时把产品上线推出。

如果你是波波，我想感受会完全不同，但你需要拿到推广方
案的目标其实并未改变。

在一场谈话里，将"你们"换为"我们"，是我强调的沟通

原则。

我个人在职场里有个优势，那就是善于对外异业合作，而在集团公司的体系内，团结其他业务部门，也是我的强项。我的沟通策略就是，了解对方的业务目标，将双方目标融合，将"你们"变为"我们"。这个策略很有用的原因在于大部分人不会真关心你要什么，只会在意你能给我什么。

每一次有效的沟通，都离不开目标的设定。聚焦目标的最佳策略，则是将沟通对象也融入于目标之中，形成双方共同的愿景。

3. 情绪是沟通的双刃剑

你可能听过一句话：冲动是魔鬼。为什么冲动是魔鬼？因为人在情绪冲动下做出的行为，常常伴随某种激烈的冲突，而没有经过缜密的思考，最终有可能产生灾难性后果。

心理学研究发现，人类大脑中最古老的边缘系统主管情绪，而最晚进化形成的大脑皮层主管认知。任何事情发生后，边缘系统会第一时间产生情绪反应，如恐惧、愤怒、喜悦等，约 6 秒钟后，大脑皮层才能做出认知处理。

因此，在你接收一些信息后，立刻做出的一些行为、选择，很可能受到情绪的影响，而如果产生一些不当言辞，往往会破坏一段关系，伤害他人。所以，大部分的争吵，双方冷静下来后都会有些许后悔。

沟通高手会借助自身的情绪，对沟通内容进行渲染，呈现出的状态更有感染力，而这其实不是真的情绪，而是对情绪的巧妙应用，我们需要警惕的是情绪失控。

绝大多数人的情绪失控，主要由于原生家庭缺陷、工作情感受挫，或无法达到预期目标等。想要调节自身情绪，第一步是察觉自身情绪的变化。我们需主动提醒自己，留心当下的心态是否平和。

当你察觉到自己有情绪时，也不要只去压抑，否则情绪憋在心里日积月累，不仅会造成心理上的抑郁，也很有可能演化成身体上的疾病。有医学研究表明，长期克己、压抑、焦虑、抑郁的人，肿瘤的发病率会比一般人高。

选择正确、合理的方式将情绪表达出来，是改善情绪问题的第二步。你可以找身边的好友、家人，或者是对着自己倾诉。一个人的情绪波动是"动物性本能"的体现，在沟通的时候，如果遇到难度升级的情况，很多人会陷入两种模式中，"战斗"或"逃跑"当情绪不再平静时，让沟通质量大打折扣。

在具体的沟通场景里，发现自己的情绪有巨大起伏的时候，不妨停下来深吸一口气，先搁置几秒再做出反应。按刚才提到的 6 秒停顿时间，就可以等到大脑进行认知处理，让你变得理性得多，切勿带着情绪急于表达自己的感受，不仅丢了技巧，还丢了目的。

沟通高手一方面能很好地调整自己的情绪状态，另一方面还善于引导沟通对象的情绪，来达成自己的目标，毕竟人都需要情绪价值。察觉并接纳自身的情绪，找到合适的方式表达出来，确保你的每次沟通都能尽可能消除情绪带来的影响。

倾听和提问技巧

上天赋予我们一个舌头，却给了我们一对耳朵。医学研究也表明，婴儿的耳朵在出生前就发挥作用，具备听觉了。但在听、说、读、写中，我们对听的训练最少，很多时候无论多么仔细地听，听完后却会很快忘掉大部分内容。一段时间后，还记得的内容所剩无几。

想要提升沟通表达能力，有一个前提就是拥有不错的倾听能力，如果都没听清需求，不知对方的立场，这场沟通肯定是失败的。

1. 关于倾听的四个技巧

第一，保持开放心态。人很容易被固有思想蒙蔽，导致无法接受新信息、新思想。倾听的时候，多站在说话者的立场，找到其分享中有意义的地方，从中学到有用的东西，请注意，一定让人把话说完，打断他人讲话是很不尊重他人的行为，也会引起旁观者的反感。

第二，保持注意力集中。你在和他人谈话时，请把手机放在一边，专注于谈话内容，这是给予对方基本的尊重，并且你可以用一些信号表明你对谈话的内容有兴趣，如保持视线接触，以点头等方式做出回应，并提出建议性的回答等。而如果是在听讲座，则可以拿出手机对重点内容进行拍照，这也是一种回应。

第三，思考听到的信息。很多时候，由于发言者的发言缺乏逻辑，需要听众对内容进行梳理，从琐碎的信息中挑出有用的信息，找到语言背后的价值点。在梳理对方讲话重点的同时也是在提醒自己，表达的时候要注意逻辑。另外我们也可思考，他说的这些都是事实吗？这是好建议吗？听信这些话会有什么后果？

第四，做好信息记录。对于一次重要的沟通，为了防止自己漏听重要信息，最好的办法就是做笔记，俗话说"好记性不如烂笔头"。并且，听到和理解是有差距的，我们可以通过记笔记来整理自己的思路，事后回看笔记来检查自己的理解是否有误。

此外，你还可以通过复述或者提问让对方确认，来检验自己倾听到的信息是否正确，从而消除信息差。而如今 AI 工具的辅助，可以帮我们快速生成会议纪要。

2. 如何提出一个好问题

大部分人在成长过程中，丧失了一项很重要的能力，那就是提问。我们在幼年的时候这项能力往往非常优异，但在成长过程中却不断消退。

我儿子在会说话之后，一直把"为什么"三个字挂在嘴边，有些问题确实让我不知该如何回应，因为我自己也从未仔细想过他问的这些问题。

我在很多高校做线下分享的时候，喜欢和学生互动交流，以便让自己分享的内容更贴合学生的需求，但我发现，会主动提问的学生已经越来越少。相对而言，重点高校的学生提问的踊跃度稍高。

提问可以帮你更快速地得知当下存在的信息盲点，尤其是在一次沟通对话中，善于提问的人，可以获得对方更多的信息，以更好地达成自己的沟通目的。我把问题简单分为两种不同类型。

一种是封闭式提问，比如，你上班坐地铁还是开车，假期宅在家还是出去走走，这类问题往往可以用几个字结束回答。

另一种是开放式提问，比如，你今天如何来上班的，假期干什么了，面对这些问题，回答者需要给出许多具体的信息。

所以，如果想获取对方的更多信息，你可以尽量采用开放式提问。

此外，封闭式提问存在很强的立场属性，比如职场里领导常说，这个方案做得这么差，你是不是没用心？这个问题本身就带有情绪和质疑，违背了建设性沟通的前提。

关于开放式提问，可以采用两种常用话术：

①还有别的吗？

②为什么？

分享个具体案例，当你求职面试通过最后一轮，要与人事沟通薪资时，常见的沟通场景是：

　　HR："小明你好，根据几轮面试，我们觉得你比较适合这个岗位，协商后，给你定的薪资是月薪 8000 元。"

　　小明："为什么才 8000 元，这太低了吧，我同学、朋友的平均薪资都是 15000 元，别的企业还有给 16000 元的，我至少要 12000 元。"

　　HR："12000 元已经超出我们预期了，这个实现不了。"

　　这样沟通应聘有可能就这么失败了。但你完全可以使用上面的两个绝招提问。例如：除了基础薪资，请问还有别的吗？这个时候，你可以获取企业更多横向信息，比如年终奖、绩效奖金、团建福利、晋升通道、内部培训及一些补贴。

　　你还可以用另一个问题：请问薪资为什么是这个数呢？这个时候，你可以获得企业的纵向信息，比如了解企业相同岗位的大概薪资区间，以及整个行业相同岗位大致的标准等，得到更多信息后再去梳理自己的个人预期。在大多数沟通场景中，"还有别的吗？"和"为什么？"这两个问题都适用。

沟通表达提升技巧

我们对沟通表达有了基础认知后，分享一些可以直接套用的公式。

1. 三步提升沟通逻辑性

不知道你是否遇到过这三种状况：

①讲话时没有条理，费很多口舌却很难把事说清楚。

②思考的时候没有逻辑，大多数时候不知道从哪里下手。

③处理问题时效率低，东捡西漏，忙得团团转，效果却不佳。

在与他人交流时，你肯定遇到过，一些人说的话，每句你都能听懂，但是你就是不知道他到底想要说啥，听着听着时间一长，你甚至就不想听了，甚至有点焦躁。其实，这是因为人的大脑不擅长处理零散而复杂的信息。而如果能将零散的信息用一个"结构"或"框架"组织起来，则能够较好地被人接受，这种思维方式就是结构化思维。

我现在随口说 9 个物品：咖啡、白菜、苹果、可乐、西瓜、土豆、香蕉、奶茶、冬瓜。这时候如果单靠记忆的话，其实是比较难一次性记下来的。换种方式，对它们进行简单归类：

饮品：咖啡、奶茶、可乐；

水果：苹果、西瓜、香蕉；

蔬菜：白菜、冬瓜、土豆。

这样记忆是不是容易多了？为什么第二种方式更容易记忆呢？因为它更加符合人类思维的基本规律：大脑喜欢记忆量少且有一定规律的信息。

在现实场景中，你的沟通路线很多时候会不知不觉地偏离既定的沟通目标，为什么会出现这种情况呢？因为你说话不具备清晰的逻辑，想让自己说话有逻辑，能被听众更好地接受，一个小技巧就是用"第一点……第二点……第三点……"的方式去表达，这也是我写作的时候常用的方式。

而这种"一、二、三"逻辑法，需要我们理清背后的逻辑关系，逻辑关系一般可分为四种：

①因果顺序：第一点、第二点为前提，第三点为结论，如苏格拉底的经典三段论：所有人都会死，苏格拉底是人，所以苏格拉底会死。

②时间（步骤）顺序：首先、其次、最后。

③空间（结构）顺序：中国、湖北、武汉。

④程度（重要性）顺序：最重要、次要、不重要。

当你需要表达、沟通、处理一件事时，你可以在脑海里将要说的话、要做的事快速拆解成"一、二、三"三个要点。有理有据地呈现观点的方式会让你更加自信、从容，不管是处理事情还是谈话，都会让对方更加信服你。

2. 四种经典表达架构

麦肯锡的芭芭拉·明托曾提出了一套经典的表达架构 SCQA：S 为情境或者背景（Situation）；C 为复杂性，常意译为冲突（Complication）；Q 为问题（Question）；A 为答案（Answer）。

在日常沟通表达以及写作中，都可以使用一种公式：SCA——背景 + 冲突 + 答案。先交代背景，再说明冲突（或问题），最后给出答案，这是比较平稳的表达方式。除 SCA 外，还有三种常用的表达架构模型：

（1）开门见山式（ASC）：答案—背景—冲突

以常见的职场对话为例："领导，我想跟您申请增添几个人员编制。这两年短视频兴起，成了企业品牌营销利器，但公司内部缺乏相关专业运营人员，并且现有人员工作比较饱和，希望增加人手做短视频营销。"

我们使用开门见山式的时候，第一句就是结论，是重点，听众很容易捕捉到你说话的重点。

（2）突出忧虑式（CSA）：冲突—背景—答案

销售人员在推销产品时可以说："你再不减肥不行了呀，会出现很多并发症，目前有个新研发出来的减肥药，可以很好地帮到你，但是价格上有点小贵。"

这种表达方式的重点在于冲突点，引发用户的焦虑，而答案则藏到最后，这样的顺序往往能提升特有场景下的销售目的。

（3）突出信心式（QSCA）：问题—背景—冲突—答案

例如："你们觉得自己日常沟通表达有什么问题？很多时候是不是觉得自己说了很多，却抓不住重点？我现在有个方法可以帮到你，那就是使用结构化表达。"

听完这个描述，你是不是找到提升自己沟通能力的信心了？表达方法用对了，就是这么奇妙。

沟通实战场景分享

接下来，我罗列两个常见的沟通场景，一个是自我介绍，另一个是加薪沟通。人们在自我介绍时常忽略自我介绍的目的，而加薪沟通时许多人常陷入误区。

1. 自我介绍只是介绍自己吗

在实用的沟通场景中，最常见的就是自我介绍。当你进入一个新的环境，或者参与一次活动，都可能遇到自我介绍环节。

尤其是你在求职面试的时候，如果缺乏自我介绍的技巧，面试官很难记住你是谁。当 HR 让你介绍自己，如果你只是简单地说：我叫某某某，哪里人，从什么学校毕业，有什么工作或者实习的经验，以及得过什么奖，这完全是浪费自我介绍的时间，因为这些信息简历上已有。

当他人说请你自我介绍时，你需要思考的不是介绍自己，而是用最短的时间让他人记住你。

具体应该怎么做呢？

第一，贴标签；第二，讲故事。

我们先来看第一步，所谓贴标签，最常见的就是起绰号了。你会发现，不管爸妈给你起了多么高大上的名字，你的朋友们最能记住的往往都是绰号。因为绰号更形象更生动，更有概括性，更有传播力，这就是标签的力量。

但是，给自己贴标签的时候，不要把什么优点都往自己身上靠，勤劳、勇敢、善良、热情、友好、上进等这些。你需要想出专属于你的一个词儿，让人印象深刻，带点戏谑地自吹自擂，又偷偷地夸赞了自己。

贴完标签之后的第二步是讲故事。你需要一个有趣的故事，让别人觉得你给自己贴的标签是有道理的，并且让这个标签有画面感，生动鲜活起来。所以你需要讲一个细腻、生动的故事，并且故事需要有足够的细节。很多人讲故事无聊，都是因为缺乏细节。

在非正式的面试场景，自我介绍的核心点应当是描述出自己能为在现场的人，提供什么能力／服务。

请记住，没有人会喜欢听他人的显摆，人们只会关注别人能给自己带来什么帮助。比如，我在自我介绍时会凸显自己的高校资源和学生资源，如果企业有招聘实习生之类的需求，可以联系我。

千万不要觉得自己毫无优势，随着我们进入不同圈子，每个人都有一个兜底的个人能力，那就是你对自己家乡的熟悉程度。

比如，以我个人为例，我的家乡是武汉，"如果你到了武汉，可以联系我，我给推荐地道的武汉小吃"。

珍惜每一次自我介绍的机会，不用过度秀自己过往的成功，告诉听众，你能为他们做些什么。

2. 加薪沟通的误区和正确步骤

怎么向领导开口要求涨工资，这是许多职场人会遇到的沟通问题。一些公司不太需要员工主动开口要求涨工资，到了特定的时间点，半年或一年，公司会有考核的窗口期，你的上级也会主动与你沟通绩效事宜，这里就涉及涨薪或升职。

但大多数人需要主动向上表达自己的诉求。即使公司有调薪的窗口期，但如果你不主动向领导要求涨工资，那涨工资这件事情有时还真就不会发生。可要怎么向领导开口呢？

许多人在升职加薪沟通时会犯两个常见的错误。

第一种，卖惨求加薪，通过跟领导不断强调自己的惨状、家庭的压力，向领导求同情；

第二种，离职威胁加薪，向领导表明自己很不爽，薪资低于平均水平太多，同时凸显自己的价值，如果不给我涨薪，我就要离职。

这两种方式都不可取，这样做的结果是自己下不来台。因为你的个人压力在本质上与公司无关，你缺钱不可能成为涨薪的理由，而威胁则是违反了沟通开放性的原则。

我们在加薪谈判中，希望能增加自己对领导的牵制力，同时也想要保持不卑不亢，该怎么做呢？加薪沟通有三步。

第一步：确认加薪标准。你在和领导谈判时，千万不要直接就说"我想加薪，到底行不行？"这时领导很容易找到方法把你打发回去。你如果企图和他辩解，可能会导致谈话不愉快，到时候想成功加薪就会更难。所以，你应该先问清楚，领导心目中加薪的客观标准是什么。

在你和领导谈加薪时，你可能处在弱势方，没有太多权力和资源跟领导进行对等谈话，你如果问出一个客观标准，就能够让你和领导处在一个对等的关系上。一旦领导给了一套客观标准，那他就不可能随便找个理由来搪塞你，只要你确实达标了，而他再强行拒绝，就意味着他是在出尔反尔了。

这个加薪的客观标准，是你和领导在接下来的谈判中一个最重要的谈判据点。

第二步：讨论自己的工作表现。接下来，你可以按照领导所说的标准，举出实际的证据或例子来证明自己已经达标。你如果没有完全达标，则可以发掘自己在其他方面的出色表现，主动展现给领导。如果准备汇报材料，可以使用过往的一些图片以及罗列具体的增长数字。

第三步：带着领导一起来想象未来。在谈加薪的时候，很多员工把重点放在自己过去一年有多拼，自己过去一年的成绩有多好，但其实领导更关注的是未来。现在你要给领导一个预期，比如你可以说：如果我薪资有所增加，我承诺在接下来这一年里，会在工作中投入更多的精力。

以上是沟通加薪的方法，但是你不应把涨工资当成加薪沟通的唯一目标。这次沟通即使失败了，也会让你认识到自己在哪方面还需要努力，也可以更加明确自己的工作重点，从而让自己的职业发展更长远。

内向的人也可公开演讲

很多人觉得，口才好是外向的人的专利，从小就生性木讷的人，不可能成为演讲高手。这是一个误解。我见过太多内向的人，演讲能力都极为优秀，而我自己也性格内向，但这不影响我在 300 多所高校演讲。

我无法快速把内向的人变得外向，但可以让不同性格的人都找到让自己舒服，也让别人舒服的说话之道。

大部分内向的人解决不了沟通困难的问题，主要还是他们太过紧张，导致嘴笨，嘴笨就不敢说话，越不敢说话，嘴就越笨，最后陷入死循环，干脆放弃"治疗"。

所以，内向不是问题，发现不了自己的优势才是问题。那么内向的人在说话上有什么优势呢？

其一，就算在表达能力上略有缺陷，但是这个缺陷并不致命，甚至还挺可爱。如果只是嘴笨，那不是思维存在问题。其二，只要别人接受了你是一个内向的人，那么你只要表达出了 70 分的水平，听众也都能理解，这属于降低了听众的预期。其三，内向的人平时不善交际，有大把的时间专注做自己的事情，特别符合大众心中对于专业人士和工匠精神的定位，那些夸夸其谈的人，反而让人觉得不靠谱。

那么，内向的人应该如何表现，才能发挥自身优势，转被动为主动呢？三个步骤，让你轻松掌控全场。

第一步：自嘲。演讲开场，你可以先拿自己开涮，直截了当地告诉观众，你性格内向，现在很紧张。化解紧张情绪最直接也最有效的办法，就是把紧张的因素摆到台面上来说。

比如，你上台就告诉大家："不好意思，我今天特别紧张，怕讲得不好，但是今天我要讲的主题真的非常重要。"短短几句话，劣势就变成了优势，你之后有什么瑕疵，大家也比较能够包容你，你自己也不会那么紧张了。

第二步：建立信任。外向的人演讲，先让听众喜欢自己讲的话，再让听众喜欢自己；而内向的人演讲呢，可以先让听众信任你，然后才是顺带着也喜欢你讲的话，两者切入点完全不同。

内向的人由于比较专注于自己要讲的内容，不容易受到外在环境的影响，而有独特的优势。你不需要考虑怎样添油加醋，你不需要想着怎么取悦观众，制造噱头；你只需要老老实实地告诉大家，你对演讲的主题做了多少研究，投入了多少时间精力，有什么实际的工作，在实践中取得了什么样的成绩等，实实在在地用数据和事实说话。

听众直观上会比较信任那些内向但是实诚的人，而信任是获得良好演讲效果的关键。对于内向的人来说，分享的内容越接地气就越能展现自己的价值，不用和他人比文采。

第三步：切忌空谈。内向的人演讲尤其要真情实感，这其实并不难，因为内向的人本身不善交际，但在很多的小细节上会有特别细腻的感触。你的真诚，就是最打动人心的力量。

第六章

职场精英进阶

职场新人必备指南

每年六月，一批大学毕业生进入职场，对于职场新人，我尤其想提醒的是，请先保护好自己。人身安全是基础，除此之外，你还需要保护自己的个人信用安全。

职场里真正难做的是利弊权衡，比如拒绝同事的一些请求，可能导致双方关系的不和谐，间接影响工作，但当你感到纠结的时候，请选择拒绝，与其内耗自己，不如外耗别人。

职场高手懂得如何保护自己的位置，关注公司风向的变动，及时适应领导的诉求，并且提前规避任何潜在的风险。例如，帮同事代打考勤确实是一件小事，但如果严格来说，则涉及个人诚信问题，触碰企业的底线。

当你信用完好的时候，往往左右逢源，而如果不经意间在领导或同事眼中留下污点，并且不做改善，个人信用将持续恶化，最终各种事情的推进将受阻。

我的建议是，尽可能不要给自己埋雷，尤其是高风险的事情，比如挪用公款、收受贿赂，世上没有不透风的墙。而一些小的违规尽量不要去触犯，比如上班迟到、早退等，这些行为容易让你形成不良的职业习惯。

对于同事提出的一些棘手问题，可协助其提出解决方案，但注意自己不要违规。一个人的价值、一段同事间的友好关系，绝不是靠这种共同违规行为建立的。共同产出业绩，更应排在首位。

1. 请勿把职场当学校

很多职场新人，知道自己需要不断学习，但仍沿袭了在校期间的学习方式，那就是设想在某个专门的空闲时间段，进行系统的学习提升。

但除了大企业会对应届生有专门的入职培训外，绝大部分企业很少有较长周期的内部培训，而繁杂的工作，也让你无法有大片的空白时间去学习某项技能。因此，干中学，利用碎片化的时间学习，是职场人不得不习得的一项能力。

而对于一些心仪岗位必备的基础技能的学习，在时间节点上也相当重要，哪怕是对职场新人，公司招人的标准也像购物时的需求一样，要求"开箱即用"，基础的技能学习，是大家在学校期间需要完成的事，而不是在步入职场之后才去做。

例如，如果我招一名实习生做公众号运营，我肯定不会招一个想要从事这份工作，但并未做过任何尝试的学生，而会看重简历里展现出拥有相关经验的同学。比如他在某家公司实习时做过新媒体运营的工作，或是在大学期间自己运营过个人公众号，写过多少篇原创文章，拥有多少粉丝等。

很多毕业几年的职场人，在面试的时候，还会自认为"自谦"地表示，自己是来公司学习成长的，看似自己虚心好学，但公司可不是学校，前者是你领取工资的地方，后者是需要你缴纳学费的地方。我们在职场需要展现自己的能力，而不是无知。

在学习方式上，职场里我们需要更主动地学习，只有主动思考、主动争取、主动表达诉求、主动展现成果，才能获得更多的机会，千万不要奢望有人能够手把手教你。

一些名企有不错的员工培养体系，针对新员工，会安排导师带教，但即使如此，导师也有自己的本职工作，同事不是家人、好友，没有理所应当的帮助。提问是一项能力，但实际上，这个"问"更应该是在自己有一定的思考之后的提问。

在工作中我们面临的大部分问题，通过公司内网或是外部各种渠道可以轻松获知，而如果没经过思考就求助他人，只会引起他人的厌烦以及让自己停步不前。

当然，你要学会理解"同事"这个新的社交关系成员，学会适当地麻烦他人，他人一旦为你花了时间、精力，就不想轻易失去你，而这些助力可以让自己更快速地成长，更好地融入一个新的环境。

我见过一些实习生，在公司里非常拘束，不敢接受他人的好意，其实，有时同事帮忙点一杯奶茶，出去聚餐被请客，同事顺手帮忙拿了一个快递，你大方地说声"谢谢"就好，等有机会回补就行。

当下的社会已经不是一个单打独斗的时代，我们需要学会协作，并在协作网络中成为不可或缺的中心节点。

武志红老师有本书《巨婴国》，指出许多成年人的思维方式与婴儿无异，不过是一个长大的婴儿，这点在许多大学生群体中体现得淋漓尽致。

在职场里，请不要把"我不会"三个字当作理所应当。许多实习生有个心态："我"只是个实习生，因为自己只是个实习生，所以做好实习生应该做的事情就好，很多事我不会也很正常，也别指望我有什么大的贡献产出。这种想法会让他在实习期间表现平庸，难以获得关注。

2. 升职加薪的底层逻辑

许多职场新人抱有同样想法：自己只是个新人，别要求那么多，最好也别让自己加班，反正一个月才给那么点工资。这种思维方式不能说有错，但会让你的职业发展停步不前。

为什么有人能从实习生转校招入职？为什么有人能够升职加薪？大多数薪资从 6000 元涨到 10000 元的人，都是因为他们在薪资 6000 元的岗位上时就已经在做着薪资 10000 元的人该做的事情了。几乎所有的升职加薪，都是因为员工在原职位上已经做出超越该职位的业绩和表现。

学校教育要求的是服从，是大众化，几乎不鼓励学生做任何超出指令的行动，大部分事物也都有标准答案。

但职场上不一样，这里不接受平庸。职场看重的是独立自主，是勇于担当，能为他人所不能。

如果领导的要求是 100 分，那你做到 100 分是合格，120 分是优秀，能想到 150 分并去执行的，才是百里挑一的顶尖人才。认清目标才有超出预期的可能性。

可惜的是，许多人似乎并不愿意让公司占一丁点便宜，拿多少工资付出多少努力。请记住，做好本职工作是远远不够的，这只不过说明你配得上当下的薪资而已。

你如果希望自己有所突破，可以在完成本职工作后，主动去接触团队里其他人的工作，了解自己工作范围以外的东西，这将会让你此后能够更好地与周围同事配合，从全局的角度去审视整个项目和环节。

你甚至可以主动跟领导沟通，请求其对你的工作方式进行指导，并且主动提出希望承担更多的工作，一定不要觉得多干活就是吃亏。

在公司，有人会更亲近领导，有人则对这种行为不屑，但我想指出的是，你对很多事物的看法，仅是自己内心想法的映射。主动与领导交流，这恰恰是我极为推荐的做法。不要以为领导一定知道你在做什么，或者以为当其想知道的时候，一定会主动问你工作进度。

退一步说，即使领导需要掌握每项工作的最新进度，但并不一定知道你个人工作的具体情况。并且，你不用等到工作做完再做汇报，因为你当下的工作可能已经偏离领导的需求。跟领导同步自己的工作进度可以帮助你更高效地完成工作任务，也能让领导知道你作出的贡献。

有句话叫"会哭的孩子有奶吃"，我并不是教你如何哭，而是要学会把自己所做之事展现出来。懂得表现自己和抓住机会，也是有许多技巧的，工作进度汇报显然就是一种方式。

别以为领导一定能看到你默默的付出，领导需要操心的事很多，如果自己不主动抓住机会，勇于表现自己，即便你工作再卖力，也可能会被领导忽视。

3. 真正的空杯就是入局

我长期从事高校市场工作，一直在运营校园大使团队，结识了许多积极主动的大学生，他们在高校担任一些学生会、社团负责人的角色，接触到更多的社会信息，早早地开启了实践，这本是一件好事。但比较遗憾是，许多有丰富经验的同学无法再保持空杯心态。

想要让自己一直处于空杯，那就需要走出舒适区，不断接触让你有压力的业务。当感受到不会又不得不去学的时候，心态才真的打开了。

一些极其自大的学生，还没见过世面，就认为自己无所不知。比如，看了几个行业相关的公众号、网站，或者是在自媒体上出现过几篇爆文，就自认为高人一等，什么都懂，于是开始高谈阔论，其实不过是井底之蛙，曾经取得的成绩很多也无法再复制。

时势、平台给的机会，切勿都当成自己的能力。

我在招募学生团队的时候，反而不喜欢那些实践经历过多的学生，我更看重其在一件事上坚持的时间。请时刻谨记，聚焦自己的核心能力，你能提供什么价值，这是本质，其他不过都是"术"的层面。

人们一般说的"学生思维"，主要是指学生将真实世界想得过于简单。但一些特别积极参与实践的同学往往陷入另一个极端：将社会想得过于复杂。

心态的变化往往在不经意间发生。保持一些钝感力，对新事物多一些了解，不要急于发表自己的见解。

所以，如果你觉得当下懂的已然不少，能够侃侃而谈，那就需要提醒自己保持空杯状态。从事一个行业、一个岗位的工作时间越久，越需要不断学习和钻研，成为真正的专家，而不是浮在表面。

4. 过程和结果，哪个更重要

前几年，我所在的公司与许多科技互联网公司一致，开始实行 OKR（目标与关键成果法）的管理方式来替代传统的 KPI（关键绩效指标）制度。公司希望注重员工的工作过程，而非只有结果，但不得不说，在职场里以结果为导向的考核方法本质是无法更改的。

许多职场新人把加班、多付出时间努力工作当作自己的优势，但很遗憾，到头来可能只是感动了自己。熬夜加班，确实能树立正面的形象，但却不足以获得领导的赞扬。试想取得同样的工作结果，你却需要付出比他人多几倍的时间，这有什么值得炫耀的呢？

我见过不少实习生，花费大量时间在基础工作中，这不过是因为对办公软件的不熟悉，简历中描述的"熟练使用 Word、Excel、PPT 等办公软件"，仅仅是曾经使用过而已。

优秀的职场人会同时盯着短期目标和长期目标，知道公司或团队当下需要什么，也对自己有长期的规划，过程和结果本就同样重要。

从结果角度，很多时候没做完与没做是一个意思，哪怕差一点点没完成，最终结果也跟没有做是一样的，你需要击穿一个个临界点。如果觉得自己执行力不足，请记住：完成比完美更重要。

从过程角度，你需要将工作排序。读书期间你面临的任务往往是单线的，而在职场里却需要具备并线处理工作的能力，并寻找到适合自己的路径。这一点上，在校参与过实践的同学，会好许多，因为已经得到了一些锻炼。

我见过不少自诩把学东西放在第一位的职场新人，最后在不满意薪资的状态下选择了离职，这就是现实。过程和结果不同时期会有侧重，但两者同样重要。因为，结果能激励不断优化过程，而好的过程路径则能获得更好的结果。

5. 请把你的时间贩卖两次

从长期视角来看，不懂得职业规划的人往往无法享受到时间的复利。

大部分职场人在一家公司工作的经历，只是自己职业生涯的一个阶段。一方面你需要为公司作出贡献，另一方面你需要思考，这段时间给自己的长期发展带来了什么，你学会了什么、沉淀了什么。

工作是你谋生的途径，公司给你布置工作，在你完成工作后，获得了工资。但职业却不同，职业是你一辈子要从事的事业，当下工作中所做的事，都是未来的铺路石。

在职场中，你将 8 个小时给了公司，但这 8 个小时对于自己仍然是宝贵的。所以，我建议你至少将时间售卖两次，甚至多次，将时间的单位价值最大化。

比如写作，就是典型的将时间售卖多次，花了一个小时写的作品，可以卖给 100 个人、1000 个人乃至更多的人。

你如果选择在公司里摸鱼划水，浪费这 8 小时的时间，或许可以混上几年时间，这并不影响短期的金钱收益，也有了所谓的工作经验。但实际你获得的只是过于苍白的职场经历，自己的能力毫无提升。

或许你想说，自己在职场里无欲无求，只想做一个佛系员工，但很可惜的是，真实职场中并不存在这个机会。所谓的内卷，难道是人们真的想卷吗？不过是环境所迫。

当你的职位级别原地踏步，成为低职级的老员工时，基本就成了大部分公司裁员瞄准的对象。因此，凡是对将来职业有利的事，无论是否有报酬，我都建议尝试去做，比如公司内的各种培训机会，应当努力去争取，除了提升自己以外，还能够给领导传递出自己积极进取的一面。

对于赚钱这件事，大部分财富都不是缓慢积累，而是在几个节点上快速获得的，我称为"踩到点子上"，无法操之过急，相反这需要积累，当机会来临时，能快速出击拿下。

所以，一件事如果只有金钱产出，但对职业发展没有任何帮助，我建议只要不是被逼无奈，就尽量不要做。

6. 如何进行有效复盘

你可能听到许多人提到过"复盘"这个词，复盘最开始是围棋里的术语，指一盘棋结束后，棋手在棋盘上把下棋的过程复现一遍，看看哪些地方下得好，哪些地方不好。后来股市也引入了"复盘"的做法，炒股者白天忙着盯盘，来不及把握股市全局，晚上可以在静态的情况下重新看一遍市场全貌，哪些资金流入流出，哪些板块比较活跃。

如今复盘这个词已经走入每个人的工作和生活。持续做复盘、总结这件事，有什么意义呢？我觉得复盘最大的价值，就是将一件件孤立的事串成一条线，让你当下所有的努力都能够为未来做铺垫，形成复利效应。

努力和方向同样重要，而复盘可以帮助你校准前进的方向。

通过一次次的复盘，你能看到自己的进步和不足，然后及时改进。可以说，简单重复 10000 次，不如有效复盘 1 次。

缺少复盘的职场人，看起来很忙，但仅仅是重复地劳作，做完一件件事却并未通过总结经验教训得到提升。

复盘不是让你低头拉车，而是帮你抬头看路。一个完整的复盘需要经历三个环节：观察、反思和行动。

观察，搞清楚自己做这件事的初衷。绝大部分的人，目标并不清晰。这时你不妨试试反复追问自己，做这件事的出发点是什么，然后用文字明确地写出来。目标通常越具体越好，以便分析自己的目标是否结果可衡量、可实现，此外加上一个时间期限，并可以拆解找到关键事件。

反思。复盘能否取得成果，在于反思是否到位。可以用思维导图或者鱼骨图等工具去反思。当你抽丝剥茧地梳理因果关系，往往就能看到解决问题的潜在方案。在反思的过程中，可以大胆假设、小心求证，如果因果逻辑确实合理，那你大概找到了引发问题的原因。

行动。在行动环节，可以遵循"5W1H"原则，即要做什么，为什么做，何时做，何地做，谁来做，如何做，从而保证你的计划是全面的。在行动的时候，要注意完成任务是前提，尤其是把第一件事做好，按增强回路的逻辑，后面会越来越好。

观察、反思和行动，一次有效的复盘，请让自己保持开放，才能真正看到问题所在。但需要注意的是，拆解复盘的目标是思考的过程，而不是感觉，感觉是无法拆解的，本身也是无逻辑的。比如"我觉得今天天气很好",这就是感觉,本身无逻辑,也不存在对错。

而在实际工作中,很多时间管理方法的第一步都是严格记录自己每一天的时间花到了哪,这时你往往就会惊讶地发现,自己浪费的时间远远比想象的要多得多。

手机里有一个功能,可以看到屏幕使用时长以及各软件的使用时间,你不妨点开查看自己将多少时间花在手机上以及花在了哪些应用程序中。

我建议职场新人,用明确的格式命名自己的工作文档,并存放文档,建立良好的习惯。比如,对文档做好版本记录,加上"2025_6_20"这样的时间后缀,或类似产品文档,1.0 版本、1.1 版本、2.0 版本、最终版等,这将便于你自己后续查阅和向上汇报。

职场中坚力量进阶

1. 不要过度卷入职场竞争

职场里的竞争是常态，在职场里，无法真正做到佛系、躺平，因为这里没有真正的安于现状，只有被淘汰的、不思进取的老员工。

但职场里的竞争不是动物世界里的你死我活，也不是宫廷剧里后宫争斗。工作上的一次失利不等于个人的失败，所以无须过度解读，给自己带来无限的精神内耗。

很多时候，回头看过去的经历，会有轻舟已过万重山之感，一个人如果能够尽早地具备全局思维，将更有利于自己做对一些决策。

全局思维不够的职场人，在公司内经过钩心斗角获得职位上的提升，并沾沾自喜，但如果公司所在的行业日落西山，其最后的职业发展往往还不如那些早已离开公司的前同事。

　　我从不赞同那些过度鼓吹职场竞争的说法，比如把丛林法则、厚黑学搬到职场里，这些人最终拥有极差的人缘，并且也让领导厌恶。

　　当下的职场人几乎不会终身服务于一家公司，长期拥有各种机会，公司内的、公司外的，乃至其他行业的，职场竞争用多元化竞争描述更为贴切。

　　所以，职场里的竞争到底争的是什么？竞争的是个人收获、机会、成长、金钱、尊严等，其中的核心是向领导、向公司展现出自己的能力。当一个职位出现空缺或者一个新的项目出现时，领导的脑海里能够首先浮现出你的身影。

　　从领导的角度去看待竞争，他不是为了给下属排序，更不希望看到谁更狠、更不择手段。领导希望看到的是你的进步，他想看到下属身上不同的优点，然后将拥有不同优点的人安排到更合适的地方。

　　在日常工作中，你需要追求工作的顺利完成和能力的积累，完成比完美更重要。日常工作是用来淘汰人的，而不是为了筛选出优秀的员工。一些突发性的工作往往才是拉开同事间差距的地方。

　　突发的临时性工作往往有明确的反馈机制和时间节奏，而你需要梳理出清晰的路径，以便更好地完成工作，这类工作如果做得出彩，可以强化你在领导心中的形象，因为完成这类工作也相当于帮了领导一个大忙。

　　所以，职场人无须害怕竞争，不要把职场当作修罗场。用学习积累和展示实力的态度去应对竞争，你将收获更多的可能性。

2. 你有进行向上管理吗

我记得自己初入职场的时候，就如同学生害怕老师一样害怕与上级领导沟通，这个心态会严重影响我们的职业道路。有效的职场沟通是职场人的必备技能之一，并对工作有极大的促进，而主动与上级沟通则是向上管理的重要一环。

职场里的沟通绝大部分都是为了推进某项合作。随着事务复杂性的上升，人员分工越来越精细，一对一的协作形式已经越来越少。如今我们面临的许多职场沟通，都需要至少三方共同参与，并且讨论出的方案，还要用邮件抄送给未参与沟通的同事和相关领导。

为了有效地达到自己的目的，你首先需要具备全局视角，照顾大多数人的感受，包括参会者和被抄送者，而被抄送者通常是上级，你需要尽可能地让他知晓你的动作。

在全局视角之外，职场沟通须具备的另一个基本元素是：不带来任何歧义的清晰表达。这与你和家人、朋友之间的交流不同，同事间的沟通须尽可能地高效，降低理解成本、避免错误解读，让对方准确知晓你的诉求是什么，提醒自己还有未到场的第三人。

沟通的本质是你个人态度的体现，有些职场人会在邮件中使用大篇幅的文字，这确实体现了态度，但降低了阅读感受，所以你需要把结论、重点事项放在邮件开头或者标注颜色凸显。

在职场里，除了发起汇报，抄送过程外，主动的反馈也是向上沟通的契机。很多人在接到上级下达的任务后，由于各种原因，不愿意主动向领导反馈工作进度，直到领导询问时才做相关答复。

正确的做法是，多与领导沟通，使其及时了解你对当下工作的处理方式和思路是否正确，你可以因此得到领导的建议和指导，同时还可以在领导心中树立好的形象。

人性有个特征就是好为人师，领导也是如此。你主动积极地反馈，其实就是给予其点评你的机会，很好地满足了领导的"为师欲"。

另外值得一提的是，反馈除了要展现进度外，还需要注意汇报的"固定格式"。比如，在汇报完工作进度后，提出一些个人思考和建议，并表示希望得到领导指点，主动把球传回给领导，让他获得掌控感。

3. 越级汇报是职场大忌

很多上进的职场人热衷表现自己，以求获得更多的机会，但却不知自己犯了一些大忌，比如职场里的越级沟通。

在工作中，你多次向直属领导沟通某件事，但迟迟无法推动，于是你万不得已做越级沟通，但只要直属领导事先不知晓，你直接跳过他进行越级汇报，那么就为自己埋下了祸根。

在你进行越级沟通后，往好一点的方向想，影响的是大领导对你直属领导的评价，他会怀疑你的直属领导是否可靠，是否会犯牵连整个部门的错误，在大领导眼里，可能还会思考，为何你的其他同事不主动提出这些问题？

但如果深入一点想，你压根儿不知道你的直属领导和上面大领导之间是何关系。绝大部分情况下，他们的亲近度远超于你与大领导之间关系，因此你的一些越级沟通，如给大领导发的微信，很可能被他直接截图顺手转给了你的直属领导。

你可以换位思考，你直属领导那一刻是什么心态，即使当下不刻意针对你，也已经在内心埋下了一个钉子。

有两种情况可以越级沟通：一是你已经和直属领导产生争执，关系破裂；二是发现直属领导违反公司规定，还可能把整个团队都拖下水，这时你可以进行越级沟通。并且在对大领导沟通汇报完毕后，尽可能申请离开原部门或更换汇报对象。否则，你一定会迎来直属领导的反击，因为越级沟通这件事会让直属领导感受到你在夺权。

所以，越级沟通是非常"不懂事"的职场表现。对于工作上的沟通，第一原则是尽量与直属领导直接沟通，不要轻易地想着绕开他，破坏职场规则。

4. 加薪的三项准备工作

对于涨薪这件事有个通用法则，在大部分情况下，如果自己不主动提，公司很少会主动给你涨工资，因此优秀职场人要学会谈加薪。

根据美国职业机构调查，大家都觉得谈薪水这件事甚至比找工作面试还要让人焦虑、紧张得多。国内更是如此，国人大多在熟人、朋友之间都不好意思开口谈钱，会各种瞻前顾后，何况是谈加薪呢。我们难免会想到，开口谈钱会不会让公司觉得自己太功利，如果谈薪失败丢了脸面，那还是否好意思待在公司。

其实我们完全不必有如此大的心理压力，而一切焦虑都来源于我们对未来结果的不确定性，也来源于我们的准备不够充分。正所谓谋事在人，成事在天，只要我们做好自己该做的准备，以及掌握最合适的谈薪方式，那么结果不管好坏，都不会留下遗憾了。

在正式谈薪之前，你需要做好三项功课。

（1）思考自己到底值多少钱

首先，最重要的当然是个人能力。你如果在业务岗位，有比较清晰的业务数据能判断你的产出，而职能部门则需要通过其他过程数据，证明你能给公司创造的价值。

其次，展示你所做工作的稀缺性。劳动力和普通商品都遵循共同的逻辑：需求与供给综合决定价格。当企业对某个能力模型的人才需求紧迫，但市场上能从事该工作的人员较少时，常见的做法就是通过不断提高薪资来争夺人才，我们可以通过招聘求职平台，看看自己从事的岗位目前的薪资状况。

最后，了解公司内的具体情况。你需要知晓所在公司的一般薪资涨幅是多少，心里有数，从而不至于开出一个特别不靠谱的数字，让领导很难接受。因此，我们思考自己值多少钱的时候，需要根据自身价值、行业情况、公司情况三个维度给自己定价，并用原有薪资作为谈薪基数。

（2）帮领导找到给你涨薪的理由

我特别喜欢查理芒格的一句话，当我们想要得到一件事物的时候，先让自己能够配得上。在你想要获得更高薪资的时候，也需要让领导觉得你配得上。

你需要强调自己在这份工作上的优异表现和对工作的付出，而不是过多的私人原因，比如房租涨了、想出国旅行，或者因为自己前两年都没有涨薪，所以希望涨薪等。涨工资是公事，需要用符合公事的理由。

我的建议是，罗列自己工作上的成就，时间顺序从近期往前推。而工作描述需要具体，多使用数字，不要仅停留于总数，而要突出业绩增长情况，或是展现你在一个项目中的作用，以及如何推动项目进展。

（3）提前做模拟演练

一场模拟演练相当重要。我们可以让家人或朋友，扮演一个固执的领导，而你需要努力地说服他。如果不想做角色扮演，也可以大开脑洞地想想，领导可能会问哪些问题，并尽可能地罗列出来，然后思考针对这些问题如何回应。思考得越多，谈薪前的焦虑与担忧将会越少。

如果加薪要求被拒绝或者涨幅没达到预期，我们应该何去何从，直接辞职还是择机再战，需要早做思考。下面两种选择，没有直接的对错，需要结合具体的场景：如果你的薪资确实低于相同能力下的业内水准，而公司发展状况又很一般，我建议你可以看看外部机会了，但如非特殊情况，裸辞并非良策。你如果在外部询了一圈同行企业薪资，发现并没有太好的机会，那你可以考虑先好好提升自己。当你意识到自己当下某些能力有所欠缺，对个人的长期发展将大有益处。

一次准备充分的加薪谈话，会让领导更加了解你的工作和想法，留下一定的印象，你也可以得知在领导视角上自己做得如何，或对或不对，这都是他人对你的评价，可以作为参考。你还可以让领导指导你未来职业发展，让他觉得你是一个不断追求进步的人，这次不行，下次加薪总会有更好的机会。

5. 谈加薪不是只谈过去

在做好加薪沟通三项准备之后，你就可以从容地和领导进行沟通。而在整个谈薪的过程中，你需要注意把握住三个维度：谈过去、谈未来、谈现在，并且做一个体面的收尾，而不是仅仅回顾过去。

谈过去，主要是展示自己曾经做的那些事，展现出自己的成绩，用 PPT 可以更好地呈现。但要注意"具体"二字，多用数字展现，并且突出涨幅，而不仅是大盘的数字。

谈未来，则是谈自己的目标，展现自己对未来充满希望，并非常愿意为团队、为公司作出贡献。几乎所有领导都喜欢忠诚、聪明的员工，你可以抱着虚心的态度，多去征求领导的一些工作意见，以做出更符合公司发展的长期规划。

谈现在，这时就开始进入主题了，提出自己加薪的诉求，并且不要说想法，而要提出自己希望的具体数字。你需要知晓，即使你不主动提出，领导一般也会问，加薪预期需要提前准备。哥伦比亚商学院的一项研究发现，在加薪谈话中，给出精准数字的员工，成功率更高，因为这样会让领导觉得你是做足了准备才来的。

而在谈话最后，也请注意你的情绪把握，作为一个合格的职场人，不管领导给出何种答复，都应该尽可能地体面收尾。

就算你已下定决心如果领导不答应就辞职，那也没有必要把关系弄得太僵，尽管离开这家公司，原来的领导依然可以成为你的职场人脉。

此外，谈话尽量不要挑选在周一和周五进行，周三、周四最佳，另外需结合领导的时间做好预约，领导当天的情绪也会影响薪资谈话的结果。

更换工作的注意事项

1. 你的跳槽时机可能是错的

马云说，员工离职的原因有两点：钱没给够或者心受委屈了。这个观点时隔多年依然精辟。但对于职场人而言，由于一些委屈就冲动地选择跳槽，急迫地摆脱当下困境，其实是一个错误的跳槽时机。

你需要好好思考，对当下处境不满意的本质原因是什么，公司问题、同事问题、家庭问题，还是个人问题。

但大部分问题并不会因为换个环境就能解决，比如个人的沟通能力存在不足，即使换到新环境，依然不足。

目前职场人的跳槽普遍出现在职业的低点，但我更推荐在职业高点进行跳跃，也就是在阳光灿烂的时候修房顶。跳槽的目的，不是作为败兵逃离战场，而是作为获胜者，走出舒适区，进入新的战场。

你处于高点时，心态相比在低谷期完全不同。这时，你的选择会更谨慎，不会那么急迫，会进行充分的对比，尤其在求职心态上，不会低人一等。一般的机会将很难打动你，毕竟当下你各方面的状态都不错，如果这个时候你做出跳槽的选择，一定是经过深思熟虑，综合考虑薪资、行业发展等因素后的结果。

因此，我建议职场人每半年在招聘平台上更新一次自己的简历，一方面可以梳理自己的工作成绩，另一方面可以了解市面上自己岗位的薪资区间以及一些职位要求。

在对自己有了较清晰的认知之后，你需要多了解相关行业或职位在招聘市场的状况。并且在岗位沟通时，你需要注意不要被所谓的头衔、职位描述所迷惑，其实际工作内容可能会有巨大差别。

尤其是猎头主动找上你进行岗位推荐时，为了能够推荐成单，对方会夸大该机会的优势，这时你需要清醒，至少要求公司给出明确的绩效评估方式之类的具体工作内容。

当你有了心仪岗位并且沟通下来双方都较为满意时，在做最终决定前，请了解该公司的财务稳定性和市场地位。上市公司，你可以通过公开渠道可查到财报数据，对非上市公司也可以通过工商注册信息了解其基本信息。

此外，也不要忽视企业文化和你的契合度。绝大多数求职者都会忽略企业文化相融的问题，最后难受的还是刚入职的你。对企业文化的不认同会让你觉得自己与周围环境格格不入，无法适应，因此一定要重视对企业文化的考查。

一场准备充分的跳槽，是基于了解自己、了解行业、了解企业、了解岗位、判断匹配度之后做出的决定，而完善的准备将让你在新环境里融入得更顺。

2. 请避免纯利益驱动的跳槽

打工为了获得金钱收益，这点并没有错，但这并不是唯一目的。一个人的职业生涯很长，眼前 10%、20% 的薪资差异，对于你整个职业生涯而言，其实无足轻重。

我见过一些职场人对自己的长期发展并无规划，而是单纯因为薪资差异而跳槽，却忽略了对行业、平台等因素的考量，他们常在一段时间后懊悔不已。

薪资并不是不重要，相反确实很重要。一个朝阳行业、一个好的公司，对于员工是不会吝啬的。职场新人可以从薪资差异来判断一家公司的实力以及不同行业的发展前景。

但你对自己职业的长期规划应该是综合性的。比如，我一直从事大学生业务，历经了不同的公司，最终选择了职业教育领域。因为相比外卖、电商等业务，教培业务的工作属性与大学生的关联度最高。对于职业发展的早期，我建议你重视平台，优先选择"名企"。我指的名企并不仅仅是大企业，而是行业里的知名企业。

在结束"超级课程表"这个创业项目的十年后，我依然还在享受其带来的红利，这就是平台的价值。在进入职场的前期，选择合适的平台，加入合适的圈子往往更加重要。

很多职场人对于自己的评价超出了实际的产出，高估了自己，并对自身缺陷认知不足，导致在跳槽时往往会有很高的薪资涨幅期望。一个人获得多少薪资，由多重因素决定，能力产出、稀缺性、机遇等，即使你遇到一个不如自己的人获得了较高薪资，也不意味着你有同样的机遇能获得那份薪资。

请关注长期职业发展，职场是一场马拉松，薪资无法决定一切。

3. 提离职，好聚好散好相见

辞职是一件极为正常的职场行为，但我并不建议频繁地更换工作。频繁的岗位变动不仅会弄乱你的简历，让后续的面试官戴上有色眼镜，最重要的还是影响到你自身的心态。

许多职场人不知如何开口向领导提离职，主要原因是直属领导对自己很好，感觉提离职就是背叛、辜负其期望。但实际情况是，一个好领导会愿意看到你发展得更好。辞职只要提前沟通，能够给公司一个缓冲期就好，成熟的职场人双方之间都可以做到互相理解。

但不管因为什么原因辞职，我建议在辞职谈话中，尽量放下成见，真诚对待，觉得工作太累、想要换个城市、想要留学，或者想要转行等，你的内心所想，都可以成为辞职理由。

你离职后，如果还是从事本行业工作，那即使更换了公司，也可能还会有业务上的接触，没必要靠欺骗脱身，最后丢失自己的职场信誉。

你如果觉得领导人不错，还可以表露自己有意向的下家，希望领导给自己些建议，毕竟大公司入职都需要背调，你也无法瞒过此前公司的上级。

即使你更换了行业，将与当下的工作完全切割，我也建议你尽量维系好与同事的关系，这样做至少没有什么坏处。

在整个辞职沟通环节里，尽可能注意自己的姿态，措辞要委婉，这是一个成熟职场人应该有的姿态。有的领导会提出一些问题，了解员工离职原因，并给予一些承诺，希望把你挽留下来。这时你一定要充分思考，更换工作带来的新的不确定性自己是否能够接受。

大部分劳动合同都会写明，辞职需要提前一个月提出申请，因此在辞职沟通中，可以询问领导，给予你离职时间上的建议，并且表示你会准备好工作的交接。

在这里请注意，一些公司的 HR 会让离职员工提一些建议，但你既然已选择离开，就不要再提什么建议了。

好聚好散，真诚沟通，从而达到"和平分手"的目的，多结缘、少树敌，做人留一线，日后好相见。老同事、老领导，可能会成为你职场生涯里的宝贵资源。

此外，需要注意的是，离职时间尽量定为下半月，在缴纳完本月的社保之后，以免下家企业一时没有衔接上，导致社保缴纳的中断。

一些不愉快的离职，甚至需要用劳动仲裁或者其他法律途径来解决，这会相当麻烦。但为了保护自己的权益，请留下自己最早提出离职申请的时间证据，比如工作邮箱发送的邮件或系统记录等。

管理者必备的能力

无论你是自己创业还是进入职场，到了一定阶段，都需要具备带团队的能力。如果现在你已经拥有团队，那可以根据我下面的分享，进行自我审视。

在当下商业世界里，商业模式固然重要，但核心战场已经是企业的组织力，也就是团队的力量。大企业衰落有很多原因，而团队管理问题一定是核心，随着职场进阶，如果现在给你一个团队，你会如何管理？

1. 选用育留汰，提升团队力

我有句口头禅，万事背后必有道理，绝大多数人不是天才，而是遵循流程。我认为，团队、组织的建设有五项流程：招人、用人、培养人、留住人、淘汰人五点，下面逐一拆解。

（1）招人

吸纳人才是核心，尤其是在知识密集型行业，内部员工成长速度其实并没有那么快，而通过招聘可以不断引入高质量的新鲜血液，一个团队的质量，从招人的时候基本已经定下基调。可以说招人的重要性在团队管理中占五成至六成，而招人的一大原则就是：不要轻易下放招聘权。

大部分成功企业，从 0 到 1，再到发展成数百人规模时候，都是创始人亲自面试招人，他招的前台也许能成为副总裁，而行政主管招的前台最多也只能做到主管。

当组织规模变大时，创始人不能亲力亲为，为了防止文化、价值观被稀释，需要做到两点：

第一，不能让新人参与招聘面试；

第二，使用多层面试筛选，如阿里巴巴、字节跳动这些行业巨头，基本都是四轮面试，以此来保障面试人员的质量。

（2）用人

让员工自发地工作，最重要的一点就是告知员工其工作背后的意义。并且目标清晰，让团队成员有存在感，并且尽可能地按周期保持沟通，人尽其才地安排工作。

在具体工作上，对于新人给予固定流程，对于有经验的成员，给予授权，可按照自己的方式工作，不做具体限制，让员工自己有掌控感。

（3）培养人

知识密集型行业的企业会将主要精力放在招人上，而在人力密集型行业的企业核心则是培养人。

企业要想持续发展，人才发展速度需要大于业务发展速度，在培养人一事上，也需要企业高管亲自参与，因为培训的重要功效本就是提升凝聚力。

我推荐结构式的培养方式，即学员邀请制，对的人在对的时间去上对的课，师资方面80%是企业内部高管，20%是行业顾问。课程结合企业具体的问题，通过行动、思考去学习，将理论与实践结合。

（4）留住人

留住员工的一大误区是，企业仅在员工要走的时候进行挽留，实际上留人的工作需要长期去做。

员工在决定离职前一般会思考自己对工作的满意度、未来发展空间、离职的代价、新工作的待遇。

而围绕这几点，你需要设置好几个重要机制：个人晋升机制、信任与授权、保障绩效公平、建立员工反馈系统，以及随着业务发展提升核心人员的薪资待遇。而股权、递延奖金、违约金等都被视为金手铐，虽有效，但我建议放在次要位置。

（5）淘汰人

在整体的"组织建设五角星"中，除了招人外，淘汰人同样重要。好的文化、价值观不是靠喊口号，而是通过淘汰机制让员工清晰地感知，哪些事不能做，以及我应该怎样工作。

但需注意，在淘汰人之前，公司应给予员工沟通和改进的机会，而不是突然淘汰，毕竟淘汰人的目的还是保障团队的成长。

2. 领导力不是领导者的专属

2017 年，我在商学院学习的时候，课程里的第一个学习模块是领导力与企业管理。而领导力给人的第一感觉是空洞，不像营销、财务、组织管理等课程能立马让人学有所用。

并且，领导力给人带来最大的误解是，它只和领导层有关。但在我看来，领导力的核心是沟通协作的能力，是一项让你更好解决问题的能力。

不仅在职场需要领导力，日常生活也需要，它也绝不仅仅是领导的专属，尤其是大企业内部，协作是第一要务。

对于领导力，常见的误解有四点。

误解一：领导力是领导才具备的能力。

一个岗位可以给你带来权力，但并非说你坐上那个位置，就立刻能拥有领导力。相反，公司考虑给员工赋予管理者职能时，更偏爱已经具备一定领导力的员工，这样将能够更好地带领团队。

领导力的高低与是否为领导并无直接关系，但领导力高的人具备更好的协作性。

误解二：领导力等同于管理能力。

领导力大师本尼斯有句话，"管理者正确地做事，领导者做正确的事"，这句话很好地体现了领导与管理的差异。

领导更宏观，决定战略、决策，解决挑战性难题；而管理则偏微观，负责战术、执行，解决技术型难题，目的是维持秩序。

误解三：领导力是权谋心机。

有人会误认为领导力是阴暗的权谋，是管理者压榨下属的一种能力，其实恰恰相反，真正的领导力展现出来的是真、善、美。

真是指勇敢地面对问题，而非逃避问题；善是谋求集体利益，而非一己私利；美是提倡创造、想象、与众不同，而非乏味、死板。

误解四：领导力是天生的。

人的基因和先天生活环境，确实会对个人领导力的形成有影响，但无数政坛领袖、企业家已经用自身的经历证明，领导力是可以后天塑造的，你也可以通过努力塑造自己的领导力。

并且，领导力不能简单等同于个人魅力，而是一种团队凝聚力、协作力的终极体现。当下的世界，一定需要团队协作，但遗憾的是我们总是鼓励个人成功，常常忽略了团队意识。

3. 四句口诀塑造领导力

我推荐过很多学生看名人传记，如果你喜欢商业、创业，可以看一些企业家的故事，树立自己的目标。对于塑造领导力，有三句修炼口诀，希望你可以实践起来。

修炼口诀一：我来！跟我来！

领导力的一个核心特性就是承担责任，挺身而出。但遗憾的是，人类大脑的默认设置就是追随，这是因为在原始环境中，人越多越安全。

因此你要逼自己去改变，在与上级或平级沟通交流遇到困难时，要习惯说"我来！"而在带领下属团队遇到问题时，要把"跟我来！"挂在嘴边。

以身作则的人，常常是周围人的主心骨，也是团队里的定海神针。

修炼口诀二：你觉得呢？

在一个组织网络里，你除了把集体利益放在首位外，还要关注除了金钱收益外，团队内每个人的成长。

在遇到问题时，即使你心里已有答案，也可以对团队成员，习惯性地反问一句："你觉得呢？"这能够启发团队的思考，并叠加情绪价值的激励，高效地将策略推进落地执行。

修炼口诀三：我教你！

人的一个特性就是"好为人师"，但要成为一名合格的老师是需要练习的，并需要拥有共情能力。在他人受挫需要帮助时，能够给予相应的指导。

尤其是成为领导者之后，一定需要学会协助团队成员开展工作，关注结果，同时也要关注过程，"我教你！"这是领导者的责任。

这三句领导力口诀，希望你能挂在嘴边：我来！跟我来！你觉得呢？我教你！

在分享了一系列职场进阶的路径后，我发现，害怕犯错误是职场跃迁最大的障碍。害怕失败，让你注定平庸，不会勇于承担新的职责，不会主动创新突破，以优秀学生的模式生活，将无法成为伟大的人，也很难具备领导力。

管理大师德鲁克曾说："我绝对不会把从未犯错的人升到高层领导岗位上。"华为创始人任正非很好地践行了这一点，在内部提出，对既没犯过错误，又没有改进的干部可以就地免职。

而那少数不怕犯错并且能从错误中学习的人，能更快速提升领导力，这需要克服心理障碍、社会障碍，尤其是能力障碍。

我在某上市教育公司给学生团队内训的时候也反复提到，每个人都需要找到自己的原动力，不要害怕出头，而大学期间几乎是我们这一辈子试错成本最低的时候。

第七章

创新创业认知

当下还有创业机会吗

这一章虽然标题是创新创业，但不局限于想创业的朋友阅读。我分享的更多还是思维方式，以及所有实干家都需要具备的企业家精神。

很多朋友问过我当下还适不适合创业，创业还有机会吗？我的答案是：创业机会永远存在。

很多人会有一种错觉，认为自己错过了最好的时代，早出生几年，早入局几年，就可以享受巨大红利，能够轻易成功。但现实是，如今我们认为的行业巨头，在崛起之初，同样需面对他那个时代的巨头。

我从 2010 年开始创业，那个时候可谓无知者无畏，一头就扎了进去，等到 2012 年有了些许阅历后，我才产生了很强的危机感。

当时的互联网创业者最害怕的就是"BAT"（百度、阿里巴巴、腾讯）这三座大山，一方面怕自己的项目做不起来，另一方面又怕项目做起来被巨头抄袭，导致竹篮打水一场空。并且那时互联网圈刚爆发完"3Q 大战"——奇虎 360 和腾讯的明星产品"互掐"，巨头的压制力，让小创业者战战兢兢。

但时间来到当下，我们看到移动互联网的快速崛起，"TMD"（今日头条，美团，滴滴）横空出世，成为我们日常生活中不可或缺的产品。随后则是 OpenAI 推出的大模型，引发 AI 浪潮，全球公司的市值排名产生变化，以英伟达为首的 AI 相关领域公司崛起。

可见创业机会永远存在，就算是行业巨头也无法阻止新商业机会的出现。如果你有关注全球市值前 10 的公司排行榜，就会发现，每隔几年就有新玩家入场，也有原有的巨头出局，曾经的大山不再坚挺。

如今我们看到的，幸存下来的公司，大多都不是一路顺风顺水，凭借所谓的红利走到如今。

创业是一件困难的事，需要不断解决问题，如果仅仅感觉到艰难，那不如放弃创业这个选项。

1. 追求更好不如追求不同

在创业的过程中，你需要找到自己的创新点，形成核心竞争力。而创新有两种形式：一种是在原有的基础上，进行升级迭代的渐进式创新，另一种则是颠覆式创新。

成熟企业的优势在于，可以通过科学管理实现渐进式的创新；而对创业者而言，颠覆式创新才是机会点。

　　一个对颠覆式创新的误解是，片面地将切入点与颠覆画等号，其实颠覆只是最终的呈现，而切入点在于差异。

　　被誉为"颠覆式创新"之父的哈佛商学院教授克莱顿·克里斯坦森在《创新者的窘境》一书中建议创业者面对巨头时，与其更好，不如不同。

　　在行业巨头主线业务的边边角角，其看不上的领域，对后来者恰恰是机会点。

　　最典型的案例就是拼多多，它从低价产品切入，但很难想象，它在几年的时间里，实现了市值超越阿里巴巴这个在国内互联网超过 20 年的巨头公司。

　　拼多多的崛起有很多原因，算法体系、用户视角、组织管理等，但毋庸置疑的一个核心点就是低价。后续它不断完善供应链，上线品牌馆，直接对其他电商平台形成冲击。

　　可见所谓的商业格局已定，只是因为颠覆者还未出现。

　　一些大学生创业者认为自己的优势是团队更加拼命、执行力更强，而觉得业内的大公司机构臃肿、人员懒散等，因此自己能够胜出。

　　这个认知显然过于片面，你可以晚上 10 点去互联网"大厂"云集的北京西二旗看看，看看夜间的写字楼还有多少亮着的灯光。那些都是运营超过 10 年的巨头公司。

　　大企业衰落的底层原因是太过依赖原有价值网，而不是机构臃肿、流程低效等表面问题。相反，在精益管理之下，企业的组织力是在不断迭代的。

创业公司应找到新的业务空间进行突破，而不是与巨头发生正面冲突。机会点往往来自新的技术变革、新的制度改革，以及最需要关注的边缘市场，因为无论技术研发还是政策制度，大公司都有更强的能力和嗅觉。

而无数的案例已验证，当下从低端、边缘切入，并不是永远只能停留于边缘业务，相反随着技术实力的进步，拥抱趋势，可以成为新的巨头。

2. 找到并切入边缘价值网

在商业世界中，被关注到的机会点大部分都是技术创新，比如 2022 年 11 月 ChatGPT 的横空出世，再次掀起 AI 浪潮。

但除了技术型创业外，现实中诸多企业的崛起来自商业模式的突破，技术上的投入反而是在有了一定获利之后。并且大部分创业的机会点起源于当初的非主流市场。

很多企业关注大学生人群，而如共享单车、外卖，以及一些社交 App 均是起源于校园，正是由于校园人群虽然不是当下的主力消费者，却是巨大的潜力人群，是未来的主流消费人群。

我们要拥抱趋势、拥抱未来，但随着环境的变化，一部分不同于主流的变异反而更适应新的环境，能够更好地生存。最后，这部分小众的变异者逐渐成为新的主流。创业者需要审视自己的商业生态位，适应环境、技术变化，找到突破的机会点。

以美团为例，2019 年，美团联合创始人王慧文在一次访谈中提到，2010 年美团刚成立的时候，寻找自身的业务空间，先将商业模式划分为供给和履约：供给、履约都在线上的头部公司是腾讯，比如社交、游戏等；供给、履约都在线下的头部公司是阿里巴巴，以商品为核心供给。

在线下业务中，阿里巴巴的业务核心是实物电商，且未涉及服务电商。而在服务电商中，当时的巨头是携程，但携程做的是以出行为主的异地生活服务电商，关于本地生活服务电商，却是空白。

于是美团切入了这个"空白"领域，深刻地践行了"与其更好，不如不同"的策略。

值得一提的是，美团平台早期的入驻商家均是小商家，比如在酒店品类中均是没有品牌的小酒店。而携程做的主要是商旅出行客户，在连锁豪华酒店的供给上，携程几乎处于垄断地位。

反观美团酒旅，正是这些小酒店，却是诸多普通用户出行住宿的需求，尤其是占领了携程所忽略的本地人在本地住宿的需求。美团从低端切入，逐步引入连锁豪华酒店，如今也已占据了一块不小的出行服务市场份额。

美团早期的团购业务主打低价套餐，从小餐饮店开始，最终连锁餐饮店不得不跟进上团购。随后的外卖业务也是如此，从小型餐饮店到大型的 KA（关键客户）连锁门店，倒逼一些大品牌的餐饮店新增外卖服务。

低端颠覆在技术领域更是如此，新的技术一般不受待见，效率也低，应用于边缘市场。但技术的成长速度会快于市场的成长速度，小公司在低端领域站稳，随着技术的升级，有机会快速切入高端领域。一些年轻公司收购原有巨头的案例在商业世界里也并不少见。例如，2010 年 8 月，吉利收购沃尔沃轿车。

因此，寻找商业机会点，不要高估大公司的地位，也不要好高骛远，顺应趋势，找到差异，从小切口着手，机会永远存在。

两招提升业务成功率

成功很难模仿，但失败却可以规避，提升业务的成功率。我们可以从降低失败率入手，这一节我会重点阐述提升逆商和业务主动性。

1. 如何锤炼自己的逆商

乔布斯说，创业就是为了改变世界。但对于大部分创业者而言，创业最初的目的是依靠个人的努力获得更好的经济收入，拥有更好的生活。我自己是大学生创业的受益者，但我并不建议学生去创业，因为失败率极高，尤其是一旦带来负债，后续的发展压力颇大。

"上班太辛苦了，我要去创业！"
"领导能力不行，我要创业自己做老板。"

我见过各种创业理由，或许在很多人眼里，选择创业就是选择了自由，无人管理，没有约束。但实际上，你如果选择创业，需要付出更大的代价。并且创业是没有退路可言的，你的生活和工作再也无法分割，你需要调整心态去接受这一切，尤其是面对挫折。

《创业维艰》一书中有句话让我感同身受：一瞬间觉得自己无所不能，登上顶峰拥有全世界，另一瞬间，又觉得自己一无是处。

我在创业的时候，常常就是如此，因为一个想法，觉得自己无比厉害，似乎成功就在眼前。但可能睡了一觉醒来，又觉得这个点子漏洞百出、不切实际，进而开始质疑自己，觉得自己一无是处。

《总体战》这本书对战争结束的描述是：战争以一方失去战斗意志为结束。对于创业者而言，失去意志也同样意味着创业失败。创业者需要极强的抗压、抗挫折能力，能承受住一些负面情绪的影响。

1997 年，在心理学领域出现了一个新的词——逆商，相比于智商、情商，逆商是指人们面对逆境时的反应方式。逆商高的人可以在困境中看到机会，甚至拥有化险为夷的能力。如今看一个人是否有创业潜力，除了智商、情商外，是否有逆商也成为重要指标。

逆商背后的科学依据中有一个需要重点关注的概念——习得性无助。它指的是，当人们持续受到打击时，就会降低自我评价，进而失去反抗、求助的意识。但作为创业者，你需要坚定不移地朝目标迈进，而不是习惯性地接受那些看似无法改变的事。

美国著名学者保罗·史托兹教授在《逆商》这本书中给出了四个提升逆商的具体步骤：

第一步，倾听自己对挫折的反应，正视自己的情绪，不逃避。

第二步，探究自己对失败结果的接受程度。

第三步，分析并找到失败的原因。

第四步，确认新的方向，去找点事情做。

其实，创业就是不断走出逆境，不断解决问题的过程，创业者要接受失败的风险，但不向失败妥协。职场人也是如此，尤其是随着职级的提升，抗压能力也需要刻意训练，这四个步骤可记录自省。

2. 成年人拒绝"等、靠、要"

我在一些企业给职场新人做培训时，会提到改掉巨婴思维，在进入职场后，不要再把"我不会"三个字当作理所应当。对于创业者、管理者更是如此，你需要主动思考、探索，并带领团队前行，主动是领导者的责任。

有一本小说我很喜欢，书名叫《遥远的救世主》。为什么救世主遥远？因为真正的救世主其实就是我们自己，如果只是对外寻找，那是无法寻找到的。抱着"等、靠、要"心理的人更是无法认识到这一点的。

如果你有创业想法，需要主动去拓展自己的视野，升级自己的思维模型，并对世界、对你周围的人和事、对各种项目保持好奇，而不是依靠他人、等待机会。

我从 2014 年开始去主动了解所在行业里的其他"玩家"在做什么。我发起的私董会社群，也是希望能联结到有价值的从业者。我一直保持每月写一篇行业洞察思考的习惯，主动地、刻意地输出，为的是倒逼自己保持一线业务的洞察力。我需要持续主动探索，否则我将无内容可输出。

拒绝"等、靠、要"，摒弃在家靠父母、出门靠朋友，一心想遇到贵人提携的想法。自己不先动起来找到路径，没人会帮助你。我曾和许多年轻的创业者交流，其实大家都很累，因为没有依靠，自己不动，公司就不运转，很难指望员工有好的想法，这就是创业者的宿命。

即便是成熟的企业，有健康的商业模式，通过管理的优化能实现业务的自转，但如果希望突破，还是需要企业领导者自己去牵引。一号位的使命，就是需要持续主动地思考，而不是"等、靠、要"。

主动是一种思维方式，而只有先开启了，才会得到正反馈，从而形成正循环。

创新是可以设计出来的

2017 年 1 月，我第一次去美国，参加清华大学 MBA 项目的游学活动，除了在硅谷参访一些科技企业外，还在美国斯坦福大学设计学院（D.School）听了一天的体验课。

这个学院的中文名字首先让我联想到的是画画，所以产生了为何要在这里浪费宝贵时间的疑问，但当我真正了解这个学院后，才知道这里教导的是创新设计思维，这也是创新的必备元素。

许多人觉得创新这个词距离自己很遥远，似乎伟大的创新都出自杰出科学家之手。然而，正如同想创业不等于就要先去注册一家公司，创新也并不存在高门槛。相反，创新其实是无处不在的，如果你能将手头的资源进行重新排列组合，并使其产生更大的商业价值，那么这个过程就可以称为创新。因为，绝大部分创新都是旧要素的新组合。

人类的一个重要突破，就是发明了"发明的方法"，如同创业，掌握了创业的方法论，也可以进行低风险的创业，或称为科学创业。而创新同样可以通过流程化的步骤设计出来，这也是所谓的创新设计思维。

创新设计思维具体可以拆分为以下五个步骤：

第一步，用户调研，注意同理心。

第二步，定义问题，用第一性原理进行挖掘。

第三步，提出解决方案，跳出问题，跨界带来创意。

第四步，制作落地原型，最小可行性产品（MVP）。

第五步，测试反馈，持续循环步骤进行迭代。

以上五个步骤，每一个都特别重要，如调研常被忽略，但这是一切的开始；而其中的 MVP 也是创新创业者必须掌握的，任何项目都可以从低投入开始启动。

人会习惯性地依靠经验做决策，尤其是"大厂"出来的创业者，他们会忽视成本问题。同时，学生创业者由于没有思想束缚，反而可以用极低的成本开始进行各种尝试。实际上，包括人工智能在内的诸多业务，在验证商业化、市场反馈上，都不需要在产品、研发上进行过度投入，尤其对于创新者而言，遵循市场、用户的数据反馈，更容易找到正确的迭代方向。

MVP 的核心就是用最低成本的方案，去模拟产品最终的形态，检测一线市场的反馈，需求被验证真实存在，用户愿意为此买单，后续的一切投入也才有意义。

下面重点讲解调研和定义问题，因为提出问题本身比解决问题更重要。

1. 你真的会做调研吗

在大学参加营销、创业大赛时，参赛团队需要提交一份调研报告和一份项目方案。但绝大部分团队都会将精力用于做一份漂亮的项目方案，以及准备上台路演的 PPT。对于调研报告，不过是敷衍了事，因为也无人知晓你是否真的做了调研，而调研无论线上还是线下，都要花费不少时间，我的团队当时也是这么做的。

直到我真正开始创业的时候，才知道没有充分调研，直接行动，会错得有多么离谱。即使获得了成功，大概率是偶然的巧合，难以复制。因为在一条错误道路上拼命前行，不管如何努力也无法到达终点。

调研是发言权的基础，无论是产品设计、营销推广，还是商业投资，前期的调研工作，都是不可或缺。市场调研的核心目的是理解用户，通过收集数据、分析信息、提炼总结，最终辅助决策，并降低决策风险。而调研看似只是让用户填写问卷，但关于题目的设计、填写后对数据的处理等，并不简单。

遗憾的是，绝大部分调研活动一开始的调研点就错了，这自然导致调研的无效。因为在商业世界里，我们遇到的一些问题大多是终局问题，而直接以此作为调研点，几乎毫无意义。

例如，面对"如何让大学生喜欢我的品牌？""如何更好地提升产品销量？"等问题，我们需要先将其转化为有价值的调研点。

找调研点的方式有三个角度：看角色、看场景，以及看阶段。下面我以"如何让大学生喜欢我的品牌"这个终局问题为例，拆解可作为调研的重点。

①看角色，就是调研用户的行为特征。面对这个问题，可以拆解为调研大学生的生活方式和审美标准，深入一点的话，还可以调研大学生大致的消费能力。

②看场景。分析用户在什么情况下会使用产品，可以调研用户使用产品会受到哪些因素的影响，以及更宏观一些的影响决策点有哪些。

③看阶段。这主要是分析产品当下所处的阶段，是全新的产品，还是老产品升级；如果是老产品升级，目的是召回用户，还是伴随升级去捕捉新的用户群。这些都值得调研。

如果是一个服务白领人群用户的产品，想要前置获取大学生用户，那么调研点应当是"那些受大学生追捧的品牌有何特点"，从而去迭代自身的产品。

我在大学期间做超级课程表 App 的时候，最初是比较幸运地踩到刚需功能点上，而为了使这个工具性产品能够增强用户黏性，我做了大量的调研，最后以大学生交友需求为切入点，建立了匿名大学生交流社区。并且，我们根据用户的行为数据，在夜间上线了阅后即焚板块，让一个课表产品在夜晚的活跃度反而大大提升。

根据用户行为直接获得调研结果，从而迭代自己的产品或服务，这是互联网产品特有的优势。而常规调研则首先需要注意调研的出发点，调查问卷需要围绕出发点来设计。重视调研，找到方向，努力才有价值。

2. 做调研应该如何设计问卷

在做用户调研的时候，为了获得真实的用户答案，你需要刻意去设计问题。否则你可能会被调研对象"欺骗"，虽然这里的"欺骗"大多是无意识行为。

1982 年，可口可乐公司针对"可口可乐配方添加成分，让口味更加柔和，您接受吗？"这个调研问题展开大规模的调研，进行了数千次访问，绝大部分消费者都表示接受。但可口可乐新品上市后，却遭遇强烈抵制，甚至还有消费者上街游行，这让可口可乐不得不恢复原来配方。在这个真实案例中，消费者并没有刻意骗人，可结果却是背离的。

主要原因在于调研问题本身，使用"更加柔和"这样一个褒义词，本身就在诱导用户选择同意，这必然无法了解用户的真正想法。

综合来看，受访者"撒谎"的原因主要有三个：

①被诱导问题控制，不自觉给出假答案。

②误解了问题，无意中给出假答案。

③为了维护自我形象，刻意给出假答案。

而提出好问题的方法则是：

①不预设立场，不夸大某一方向，设计选项时尽量给出完备选项。

②用具体描述替代模棱两可的语言。

③主动去除或转移敏感信息。

其中最难规避的是第三点。每个人公开回答问题时，都会考虑社会、旁人的预期，导致给出的答案不是真心所想，而是自己理解的正确答案。

举一个关于儿童偷窃问题调研的例子：

问题 A：你的孩子有过偷窃行为吗？

面对这个问题，有些家长可能不会说实话。

问题 B：有人认为孩子拿别人的东西是不良行为，也有人认为这是强烈好奇心的表现，您的孩子在一个月内随便拿过别人东西吗？

问题 B 就是典型的通过铺垫，主动去除干扰信息，让受访者可以在没有顾虑的情况下真实作答。

谈到调研，许多人的第一感受就是提问题，但前期准备、后期分析，这些外部无法看到的部分，也是必不可少的，重要性也都是同等级的。

我从前几年开始就比较看重职前教育。当时我做过一次失败的调研，给学生的调研题目是"你会花时间学习如何求职吗？"绝大部分学生都回复"会"。这个问题就有些诱导倾向，而学生作答时也有维护自我形象的成分。

调研问题这么设计会更合适：对于求职这件事，有同学觉得需要花时间学习如何求职，有同学觉得不用专门投入时间，而更应该学习提升专业能力，你是怎么认为的呢？你是否会花钱购买这类课程服务？

结果是大部分学生选择了"未在求职一事上投入费用，觉得找工作不应该花钱"。

3. 如何挖掘信息背后的真相

对创新者而言，做好调研是一切的起点。设计问题，触达目标用户并令其进行作答，看似已经完成了调研，但其实仅仅完成了一半。对结果进行深度挖掘，你才能得到具体行动指南。

关于福特汽车，有个经典的调研案例。问卷的问题是："你需要什么样的交通工具？"几乎所有人的回复都是："一辆更快的马车"。但福特的深度思考在于，用户是想要马还是想要快？除了马，用户是否还能选择其他的交通工具？

于是，汽车出现在人们的视野里。

可见，你得到的调研结果，不经过分析，多数是无法直接使用的。或者说并不是本质需求，无法实现真正的创新。

如何实现深度挖掘？给你两个建议：

①从横向和纵向两个维度进行自我提问。

②少问为什么，多关注场景和感受。

上面案例里，福特自我思考，"用户是想要马还是想要快？"就是纵向维度的提问，"除了马，用户是否还能选择其他的交通工具？"就是横向维度的提问。

如今越来越多企业重视大学生群体，一些朋友问我，应该如何触及大学生用户，其实不妨去几所大学，看学生真正的生活状态，自然会获得一些反馈。

以耳机举例，直接问消费者想要一款什么样的耳机，得到的回复大多是音质好的。优化音质当然是耳机厂商需要做的，但这受制于技术及成本，也无法实现明显的产品差异。

如果关注场景，我们可以问消费者，"你什么时候用耳机？"对于上班族而言，大部分回复是在公交、地铁上，这时你再追问感受，会得到一些真正的痛点，比如周围嘈杂、太吵，以及公交、地铁人多，耳机线容易挂在别人的衣服或包上。由此可以推导出，一款无线的降噪耳机适合一部分消费者。

你可以看到，这几年热销的苹果 AirPods 耳机一大卖点是无线、快速连接，而后续推出的新款亮点则为降噪，完全洞察了消费者的需求。

想做好一次调研，其实真的非常不容易，除了上述流程外，还有不少需要注意的地方，比如找准调研的目标用户，使用合适的调研工具，有靠谱的调研人员等。而调研的本质是用数据、用事实说话，通过收集并分析数据，提炼出结论，用于解决具体的问题。可以毫不夸张地说，调研是大多数产品成功的基础，无调研，不产品。

创业之路的前期准备

由于我大学创业的时候，就曾连续获得几轮融资，于是有很多朋友问我如何去拿投资，但如果你仅仅有个点子，第一步应该是先把想法落地，而创业的准备，除了钱外，还需要找到自己的合伙人。

1. 创业的钱从哪里来

创业初期，你的资金往往来自"4F"：Founder（创始人）、Family（家庭）、Friends（朋友）、Fools（傻瓜）。

对于自己认准的方向，自己却不愿意投入，指望花他人的钱来试错，可以想想这是否合理？所以，自掏腰包是大多数创业者的做法，风险与收益都由自己来承担。这是第一个 F。

第二个 F 是家庭。在说服风投来投资前，可以反问下，你家人是否相信你。家人是我们最亲近的人，也是最了解我们的人，如果家人都不愿意支持，如何说服外人呢？

在家人之外，好友是最信任我们的人，朋友是第三个 F。一个项目开始前，我们可以征询朋友们的意见，说不定还能找到合伙人。如果他们觉得项目靠谱，出力、出钱都更为容易。

如果从前三个 F 那里你都不能获得启动资金，不管是确实没有还是不相信你，接下来你就只能指望运气了，看能否碰到一个"傻瓜"，被你的创意、想法打动。这是第四个 F。

你可能听说过有人在乘电梯的 30 秒钟拿下投资人，但这只能称为故事。早期投资其实特别看人，能凭借一份 PPT 就获得投资的创业者，多是曾经有过出色创业经历的连续创业者。

如果你的业务跑通了从 0 到 1 的闭环，如何寻找接下来的投资者，一般有三条路径。

①通过自身的人脉圈，以及朋友进行介绍。

②关注一些匹配的投资基金官网（注意类别、阶段）。

③依靠一些创业媒体进行曝光，以及参与大赛、路演等活动。

选择投资人像谈恋爱一般，需要双方都看对眼，但比较遗憾的是，大部分创业者作为需要钱的一方，常将自己放在劣势的角色。

请记住，我们除了需要钱，还需要更多的业务指导及对相关资源的协助。

要想成功获得投资，你需要知晓投资人的关注点，从而投其所好，一般而言，投资人非常关注三点。

第一点：关注创业团队，尤其是 CEO 个人的能力。

创意再好也需要一个团队来执行，如果没有靠谱的团队，肯定成不了事；相反地，团队如果真的厉害，即使一开始方向错误，也可靠不断试错、快速迭代，摸索出一条正确的路。所以，见投资人之前，请先组建好自己的核心团队。

第二点：关注项目的增长潜力。

如果是一个狭小的、增长缓慢的市场，投资人基本不会关注。

我们需要知道，圈内绝大多数投资人使用的并不是自己的钱，而是一只基金的钱。

投资机构内部也会分为 GP（普通合伙人）和 LP（有限合伙人），也就是管钱的和出钱的。而且每一只基金都有存续期，期满就需要收回资金，评估投资业绩。

国内风险投资基金的存续期要比国外短上许多，倒逼投资人更关注那些能够快速获得收益，乃至基本已经成熟的项目，所以你会看到创投圈经常扎堆投某一类型的项目。

投资人在项目增长潜力上，更关注一个广阔的、能够实现指数级扩张的市场，最好这个市场目前还未被巨头所关注，或者你拥有某项技术专利优势。

第三点：关注锁定客户的能力。

如今的流量、获客成本越来越高，无论你的创业项目是 toB（面向组织）还是 toC（面向消费者），你如果有一套低成本的获客模式，会很容易脱颖而出。

而你的项目如果具有较强的用户黏性，则会让风投非常喜欢，所以创业者可以思考如何更好地持续锁定用户。

所以，创业者需要先反问自己信不信项目有前景，面对风投展示核心团队、项目增长潜力以及锁客能力。

2. 拿投资的三个误区

创业、融资，听起来会让很多人都觉得兴奋，认为拿投资越早越好，越多越好，估值越高越好，其实这三点都是常见的误区。而这些误区我不幸地都踩过。

一个公司如果其创始人都拥有"大厂"背景，或者是行业内的关系积累，在创业之初容易拿到一笔投资。比如我在 2022 年参与的校园社区项目 InSchool，公司 CEO 老李在金融行业打拼多年，凭借人脉积累，创业伊始拿到 1000 万的投资。

但公司过早地获得融资，容易陷入创业最可怕的诅咒：虚假繁荣。公司刚起步时，盈利模式还没得到市场验证，潜在的问题也没有充分暴露，这时更应该做的是验证 MVP（最小可行性产品），并进行优化迭代，探索更多可能性，对前进方向不断校正。

但如果较早就获得了不错的投资，由于资本的驱动，创业者会颇为心急地瞄准一个方向，加速烧钱，促熟市场，看似业务一片生机勃勃，但很多时候不过是个伪需求。如果资金、补贴一旦停止，伪需求就会原形毕露，这个时候即使想挽回，也难以回天。

2022 年我做的 InSchool 项目没有烧钱做市场，但由于账上有钱，焦虑感还是不够，一方面团队成员薪资过高，另一方面没有在初期就考虑好商业化方向，导致后续相当被动。

拿投资还有一个常见误区是融资越多越好。事实上，融资越多，意味着需要割让的股份也越多。

你如果长期看好自己的企业，可以不用一次融资太多，这样可以少稀释一些股份。账上的现金够用就好，一般保持12个月的自然现金流即可，后续随着业务规模的放大，公司估值的上涨，割让同样的股份可以获得更多的资金。

于是就有人提出：估值肯定越高越好吧，这样割让同样比例的股份，可以获得更多的资金。

但你要知道，公司并非一次性获取所有资金投资，很多公司是需要进行多次融资的，当下过高的估值会阻碍企业后续的资本运作。例如，我大学期间参与的超级课程表项目就遇到这个难题，我们在获得红杉的A轮投资、阿里巴巴的B轮投资后，公司估值到2亿美元，而后续商业变现能力支撑不起这个估值，导致再难获得新的资金注入。

公司估值过高后，即使创业者愿意降低估值来获取新的投资，也大多会招致此前投资者的不满，导致无法降低估值，或者还需要给此前的投资者进行补偿。

其实，当业务发展清晰稳定时，贷款是更合适的融资渠道，不少地方政府也有配套的扶持政策，创业者可以多关注，争取应有的权益，而节省下来的都是利润。

3. 寻找合伙人需要严格筛选

虽然 AI 进一步让个体的能量放大，超级个体的说法不断升温，但创业很难真的单打独斗。你如果想要创业，需要拥有自己的团队，而随着团队规模变小，对选人的要求变得更高。

何为团队？有共同的使命、愿景和价值观，一群人共同的想法，并为之行动，才能称为团队，否则更像团伙。

团队的核心就是合伙人，你如果关注商业，会看到许多大公司内部爆发股权闹剧，这是因为创业之初没有设计好合伙人的进入和退出机制。

我对合伙人的定义是：既有创业能力，又有创业心态，并且在三年至五年内可以全职投入公司运营的人。

合伙人从哪来？一般通过圈内人引荐，推荐他们在圈内的朋友是最快途径。比如，如果公司想找产品经理，可以直接挖角业内闻名的产品经理；如果不成功，也可以请他帮忙推荐他圈内的产品经理，相信业内人的眼光与品位。但有四类人，须慎重对待。

（1）短期资源承诺者

我曾遇到一个真实案例。学生 A 在创业之初，有朋友 B 提出可以为他对接上下游的资源，作为回报，B 要求与 A 合伙经营，获得公司 20% 股权作为回报，当 A 把股权出让给 B 后，B 的承诺却迟迟没有到位。

多数创业者在早期，需要借助外部资源为公司的发展起步，这个时候最容易给早期的资源承诺者许诺过多股权，甚至把资源承诺者变成公司合伙人。

对于只是承诺投入资源但不全职参与创业的人，建议优先考虑项目提成，谈利益合作，一事一结，而不是通过股权长期深度绑定。

（2）天使投资人

创业者与投资人之间的区别是：投资人投大钱，占小股，用真金白银买股权；创业合伙人投小钱，占大股，通过长期全职服务公司赚取股权。

简而言之，投资人只出钱不出力，或者出少力，也不承担后果。而创始人既出钱又出力。所以天使投资人购买股票的价格应当比合伙人高，不应当按照合伙人标准低价获取股权，一般也不建议把天使投资人升级为合伙人。

（3）早期普通员工

很多创业者在初期，出于成本考虑，也为了激励员工，给普通员工发放了股份或股权。做完股权激励后他们才发现，普通员工最关注的是涨工资，并不看重股权，公司成立之初员工流动性也大，股权管理成本相当之高。

例如，在公司成立初期，给员工发5%的股权，对他们很可能都起不到激励效果，甚至可能起到负面作用，员工可能认为，公司是不想给他们发工资，通过股权、合伙人的名头来忽悠他们，给他们画大饼。但如果公司在中后期对员工进行股权激励，可能5%股权可以解决500人的激励问题，而且激励效果更好。

在这个阶段，员工也不再关注自己拿的股权百分比，而是直接算这些股票值多少钱。

因此，过早给普通员工发放股权，升级其为合伙人，一方面，公司股权激励成本很高，另一方面，激励效果很有限。

（4）兼职人员

我曾经在互联网圈创业，也接触到一些圈内的创业者。他们出于成本考虑，或者是妥协项目的吸引力有限，早期会找到"BAT"的技术人员做兼职的技术合伙人，并给予一定的股权。

起初，这些兼职技术合伙人会经常参与指导项目，由于难有约束，也没有实际投入费用，后来许多兼职合伙人基本上不参与项目了，而分出去的股份却难以收回。

所以，对于技术厉害但不全职参与创业的兼职人员，我建议按照公司外部顾问标准发放少量股权，而不是按照合伙人的标准配备大量股权。总而言之，不要轻易分配公司股份，将一个人升级为合伙人，核心团队一定需要筛选、再筛选。

4. 三条公司股权生死线

股份、期权，我想你肯定听过，但其实一些创业者都不清楚几个重要的占比点。股权本质是公司的产权，包括管理参与权、表决权、剩余索取权等，而权利背后则是对等的责任和风险。

如果你有创业想法，按照公司法的规定，你需要牢牢掌握三个特别重要的股权比例，也被称作三条股权生死线。

第一条线叫绝对控制权，股权比例为三分之二。你如果拥有三分之二以上的股权比例，公司所有的重大事项你都可以表决通过。比如，修改公司章程、增加或者减少注册资本，公司合并、分立、解散或者变更公司形式等，这些都是公司经营中最大的事情。

第二条线叫相对控制权，股权比例为二分之一。你如果拥有半数以上的股权比例，除了上面说的那些重大事项决定不了，其他普通事项，在股东会议进行表决时，你都可以说了算。

第三条线叫重大事项一票否决权，股权比例为三分之一。公司法里并没有三分之一的概念，这是根据第一条线推导出来的，只要你有三分之一以上的股权，他人就不会有三分之二以上，相当于你就有了对于重大事项的一票否决权。

对一些需要不断融资"烧钱"的互联网公司，在融资过程中，创始团队的股份会不断被稀释。为了保持管理权，AB 股模式应运而生，比如京东的创始人刘强东，一票可以顶十票，7%左右的股份，放大十倍已然超过三分之二这条线，拥有绝对控制权。不过 AB 股的形式，还是极少的情况。这也是由于投资人看好这家公司长期的投资回报，才会让步妥协。

很多创业者早期会习惯将股份均分，这埋下了不小的隐患，在合伙人数量为 2 人至 4 人时，最好大股东个人就拥有绝对控股权，也就是超过三分之二的股份。在股东人数较多时，大股东的持股比例可适当缩小至二分之一乃至三分之一。

股权问题一般不会如商业模式一样浮现在众人眼前，但了解了三条股权生死线，你将可以洞察许多商业世界里一些特殊事件背后的那个"道理"。

海底捞是为数不多的中餐上市企业。2018 年上市时，带起一波造富故事。1994 年，四个年轻人筹集了 8000 元人民币开了一家火锅店，四人各占 25% 的股权，后来四位年轻人成了两对夫妇，每家占 50% 的股权，两对夫妇分别是张勇夫妇和施永宏夫妇。

到 2007 年，海底捞已成为国内顶级的餐饮公司了，张勇强势地提出，让施永宏夫妇转让给自己 18% 的股权，留下一段"张勇铁腕夺股权"的传奇商业故事。这样张勇夫妇一共拥有了 68％ 的股权，占比正好是三分之二，也就是 66.7% 多一点点，达到股权第一条线，掌握公司的绝对控制权。

2018 年 9 月 26 日海底捞上市当天的市值是 945 亿元港币，施永宏夫妇即使转出去了 18%，剩下的股份市值仍超过 300 亿元港币，比 10 年前增值了近百倍。

除了上述的三条线外，股东持有 10% 以上的股份时，可以申请召开临时股东会议；在股份有限公司持有 3% 以上股份时，可以提出股东大会的临时提案；还有就是持有 1% 以上股份的股东，如果认为董事、监事、高管侵害了公司利益，就可以直接向法院提起诉讼。

另外，只要是股东就有知情权，包括查阅公司章程、股东会议记录、董事会和监事会会议决议，甚至还可以查阅公司的财务报告。很多中小股东可能都不知道，自己是可以通过法律程序来申请查阅公司的会计账簿的。

　　通过上述分享，希望你不要在创业之初就给自己埋下隐患，同时海底捞的案例，也可以提醒你，只有公司发展好，所谓的股权才有价值。

5. 创业者必备的散伙协议

　　在一家公司里，无论是最初一起创业的创始合伙人，还是之后引入的合伙人，在合作的时候，大家都希望能一起走到最后。但创业的精彩就在于变数，提前考虑到散伙，并不是说丧气话，而是为了这段创业有更稳健的长期发展。

　　然而，很多企业因为没有设定合伙人退出机制，导致合伙人之间产生纠纷，非常影响业务发展。如果允许中途退出的合伙人带走股权，那对其他奋斗在一线的合伙人则不公平；而如果不允许离开，则也脱离了现实，并且强扭的瓜也不甜。

　　因此，创业团队最好在创业之初就设置好合伙人的退出机制，俗称"散伙协议"，前置设好预期，制定具体规则。

　　（1）提前设好预期

　　公司给合伙人发放股权时，应做足深度沟通，给大家做好预期：合伙人取得股权是基于大家长期看好公司发展前景，愿意长期共同参与创业。

　　而合伙人早期拼凑的少量资金，并不是所持大量股权的真实价格，股权的价格是所有合伙人与公司长期绑定，通过长期服务公司去创造价值而赚取的。

（2）常见的股权规则

①在一定期限内（如一年之内），约定股权由创始股东代持。

②约定合伙人的股权和服务期限挂钩，股权分期授予（如四年）。

③股东中途退出，公司或其他合伙人有权溢价回购离职合伙人未成熟甚至已成熟。

④为避免司法执行的不确定性，对于离职不交出股权的行为，约定离职不退股的有高额的违约金。

得到 App 是一个内容创业团队，在十周年之际，三位创始人做了次直播，回顾创业之初就签了一份十年有效期的散伙协议，很值得学习。

面向未来，他们又签了份新的约定，三位合伙人约定如下：

第一条：不从事和公司业务无关的工作。在公司之外，不投资、不参股、不顾问任何其他可能分散自己精力的项目。

第二条：不获取公司之外的劳动收入，包括演讲、授课、咨询等社会活动。

第三条：任何两个人如果觉得第三人不学习、不进步、不勤勉，可以随时要求他退出公司。退休、长期休假，或因任何原因导致不能在公司全职工作，应自觉退出公司。其所持股份交由其他两人决定保留部分份额和交出部分对价也都由其他两人决定。（此约定的执行，应遵守公司法相关规定并取得股东会审批）。

第四条：三人的亲属、子女均不得以任何方式参与公司业务。

第五条：难听话直接当面说，始终作为一个高度共识的价值观共同体去行动，不在当事人不在场或任意第四人在场时表达对当事人的反对和批评。

第六条：保持开放，随时吸纳对公司发展起关键作用的候选人加入本合伙人团队，并一致同意，可共同让渡合理的股权比例给予新人激励。

得到 App 团队的这份"散伙协议"，主要是知识服务行业，其他类型的公司并不适用，但一个事前约定，有就比没有要好。好说好散好相见，有最后的兜底，创业反而更能全力以赴！

创业需知道的经营要点

1. 提升财务思维的三张表

上市公司需要按季度披露相关财务数据，简单来说，财务报表就是公司的一张体检表。

很多创业者并不重视公司的财务模块，简单找个代账公司代为打理。其实，看懂公司的财务情况，不仅是创业者经营公司的重中之重，同样是职场人需要掌握的基本功，了解自己所在公司以及行业的发展趋势，包括竞品公司的业务情况，才能更好地做出决策。

每家公司都必须编制的三张报表是：资产负债表、利润表、现金流量表。

①资产负债表。资产负债表是公司的一张照片，它让你看到的是一家公司的"高矮胖瘦"。你可以把这张表从中间切一刀，左边告诉你家底有多厚，这就是资产；右边告诉你购置这些家底

的钱又是从哪里来的。

②利润表。也叫损益表，它分上中下三部分，上部分是收入，中间部分是成本，收入减去所有的成本之后，最下面的就是利润。

③现金流量表。反映的是企业一段时间内，现金流入和流出的一个变化情况。

公司有多少现金其实在资产负债表中已有体现，为什么还要特意为现金编制一张表呢？因为当下的现金情况，涉及企业的生死存亡，我相信你一定听过"现金流"三个字。

亚马逊的创始人贝索斯，在经营过程中，一直强调自由现金流的重要性，并将其视为第一优先级，重视程度甚至超过了公司的利润。

你一定要知道自己手头上能够掌控多少钱，否则由于上下游的原因，可能一家资产不错的公司，由于现金流问题遭遇资金链断裂而破产。

财务报表的第一原则是真实性，但很遗憾现实世界里还是出现诸多财务造假的事件。比如21世纪初，美国著名的"安然事件"，这是当年美国500强前10的公司，由于出现严重假账问题，最终破产。

而我们现在知晓的"四大"会计师事务所，在2000年的时候其实有五家，排名第一的安达信由于陷入"安然事件"中，未尽审计职责，被处罚，最终破产。

往近了看，就在2020年初，热门项目瑞幸咖啡也发生了财务造假事件，造成了严重不良影响；然后就是在 2023 年爆雷的恒大地产，四大之一的普华永道也牵连其中，2024 年对恒大的处罚落地。

财务报告应该毫无虚假地、真实地描述公司现状。抛开那些恶意造假的不谈，即使真实财务报表，也不代表全部。

财务报表是根据一套统一规则编制的，也就是我们说的会计准则，但任何准则都有局限性。一家企业真的能被完整装进财务报表里吗？事实上，这是做不到的。比如资产，高科技企业最有价值的资源，不是厂房设备，而是技术、研发人才等无形资产。这些无形资产是无法精准量化的。

你如果不懂财务，那就看不出数字表象背后企业的真实意图。举个例子，一些公司的报表中报告了正的利润，你可能就以为公司经营情况很好。比如一家上市公司 2016 年报告了 2310 万净利润，股民欢欣鼓舞。但如果细看其财务报表，其利润来源可不是主营业务，而是因为卖了北京一处房产，这其实隐藏着巨大风险。除了这家公司，当年有一大批公司都是通过出售房产提高利润的，甚至还能扭亏为盈。

所以，你如果想做出正确的经营决策，就得知晓公司哪些经营情况能够在报表中反映出来，哪些是报表中看不到的。知晓了财务报表背后的含义以及存在的缺陷，有助你更好地管理公司，以及做出职业选择。

2. 对于营销的基本认知

每年的调研数据都显示销售岗位颇受大学毕业生排斥，但这个行业容纳的就业人口却最多，因为几乎所有公司都离不开销售，包括我们面试求职也是销售自己的过程。将销售升维也是一个大家熟悉的词——营销，通过一系列动作，让更多的用户为你的产品或服务来买单。

关于营销，你需要注意两点：走进自己的产品，依据"4P理论"去拆解营销动作。

（1）了解自身产品或服务

在让用户买单之前，你先要清楚自身产品或服务的功能点，找到目标需求人群。营销不等于销售，好的营销人员，由于直接触达用户，能够反向推动产品或服务的迭代。

有一个关于营销的故事，有公司还作为面试题——如何把梳子卖给寺庙？各路"营销专家"给出的答案也是五花八门，比如，有人建议把梳子当作寺庙给香客的纪念品等。这听起来让人眼前一亮，但在我看来，这个问题本身就有问题，寺庙里的和尚不需要梳子，不需要这个商品，那就不应该去进行售卖这个行为。

营销是从顶层框架去制定流程化的系列动作，并结合与用户的直接触达，面向产品进行相关的反馈和优化。一线的市场营销动作本身也是动态的，我们要时刻面临竞争对手、环境的变化。

因此，营销工作并不容易，大部分新产品注定失败。据统计，80%的产品没有市场，70%的广告没有提高营销成效。

所以在市场营销中，失败是常态，我们只能通过方法论的梳理，争取实现有效提升。

（2）基于"4P理论"制定营销打法

在市场营销领域，"4P理论"最为经典，后续有人提出了如"4C"之类的相关理论，甚至觉得"4P理论"过时，但我却不这么认为。

虽然环境变化，但"4P理论"中的产品（Product）、渠道（Place）、价格（Price）、促销（Promotion）的本质不变，不过是换了个描述罢了。

你想让客户更乐于买单，就需要注意产品、渠道、价格、促销四个维度的设计，用"AB测试"进行优化，调整成最佳模式。比如价格这个环节，价格降低利润下降，但销量会上升，可能整体利润会呈现上涨的趋势，而我们需要寻找效益最大值来定价。

依据"4P理论"，具体的营销规划有三个步骤。

第一步：明确目标。思考营销活动想要实现什么，面对的用户又是谁，做到有的放矢。

第二步：确定有价值的信息。找到对营销目标有价值的信息，比如我做超级课程表项目的时候，营销目标是App下载量达到500万，那么就需要给新进大学的学生提供下载这个产品的理由。

第三步：进行营销投放。这一步在线上投放中，通过优化素材形式，能产出不同的转化，"会投放"也是一项专业能力，但第三步的前提是做好前两步。

3. 品牌红利大于流量红利

在广告界里有句话，我们知道有 50% 的营销费用是浪费的，但不知道浪费在哪，甚至许多人压根儿不知道打造品牌的价值是什么。

尤其是在这几年，相比品牌价值，大家更加关注线上平台的流量红利，毕竟能快速看到结果，但只有建立品牌，才能持续获得更大的红利。

营销体系的建立，正是为了更好地树立公司品牌，以降低长期的销售成本。好的品牌会为客户创造价值，从而给企业带来销售额，实现良性循环。

在大学生教培行业，比较典型的就是新东方，它主要依靠品牌带来的被动获客，而大部分教培机构，还在想尽办法拿学生的电话号码，进行传统电销。这种方式让大部分用户体感差，其转化率也在持续降低，但因其依然有业绩产出，就难以被舍弃。

好的品牌则传递出自己的价值，从而让用户愿意买单。站在用户视角，好的品牌又有什么价值呢？主要有以下四点。

①减少顾客的搜索成本。品牌提前传递给了顾客，自己能提供什么产品与服务。

②降低购买风险。品牌一定程度代表了其产品与服务具有保障。

③提高用户满意度。品牌带来超额体验和满意度溢价。

④客户身份和地位的象征。品牌成为顾客某些属性的象征，

为顾客赋能。

对于大部分创业者而言，你就是一家小公司，在打造品牌上切记：

①总有人比你有钱，不要比规模，要做精准人群。

②务必独特、与众不同，与其更好，不如不同。

③拥抱新的流量平台红利，做到极致。

只有这样，你的品牌才会有自驱力，充满话题与卖点，带来业务数据上的正循环。

在进行品牌宣传时，广告投放有四点准则。

①不需要解释。广告的及格标准是不需要解释，当一个广告需要解释才能看懂的时候，那只是感动了自己，一场自嗨，也是欺骗了自己。

②先介绍自己。尤其是新公司、新产品，需要让别人先认识你，知道你是做什么的。

③具备故事性。好的广告应当像讲故事一样，让人愿意看，愿意听。无论是悬念设置，还是情节设计，归根结底是找到引人入胜的套路。

④全方位传达。广告的本质是传递信息，好的广告应当能够在媒介缺失、时长短暂、物料破损等不完整的情况下，仍然能够传递有价值的信息。

创业需规避的四个天坑

我身边有很多大学生都想尝试创业这条路，而在补齐信息、具备方法策略后，确实可以降低创业的风险。

虽然大部分成功你无法复制，但坑却可以避免。这里我结合自身的创业经历以及在圈内的所见所闻，分享新手创业者需要避开的四个坑。

第一个坑：太偏重高科技领域。

高科技领域相比传统行业来说，受人脉、关系限制比较少，更多是智力投入，年轻人在这方面有优势，也比较容易吸引风投的注意，更好启动，所以许多年轻人、重点高校的同学（老师）创业很热衷高科技项目，但是高科技创业风险巨大。

首先，这个领域资本的进入壁垒很低；其次，由于项目启动资本很小，将来扩大规模必然要通过多轮融资，这样会稀释创业者的股权；最后，高科技创业的盈利周期漫长。

统计数据显示，在美国上市时间少于十年的高科技公司，基本都处于亏本阶段。

创业不能太迷信高科技，无论是传统领域还是新兴领域，都有很多机会。选择在你熟悉、感兴趣的领域创业，才更容易成功。

第二个坑：认为创业不需要商业计划。

这种观点主要由于商业环境的更迭，可能没等你计划出来，环境已经变了。所以，过于拘泥于商业计划往往会导致创业失败。

但是，制订商业计划的整个过程，像搜集市场信息、通过信息发现市场机会等，对创业都非常有用。总的来说，认真做商业计划至少有两个好处：一是帮你全面分析市场的各个重要方面。比如目标客户的价值定位、目标市场的规模和预期增长、项目商业模型、所需资源等。可以帮助你加深对市场的了解，在面对市场时胸有成竹。二是更容易得到投资者和股东的信任。一份用心准备的商业计划书可以增强投资人的信心，让他们能在高风险的企业创立初期就敢于投资你。

第三个坑：一心只想要实现颠覆。

创业者需要搞清楚，创业是创造新价值，而不是来颠覆原有的行业。即便你的业务有能颠覆现有商业模式的潜力，也是间接性、无意识的结果，不是创业的目的。

经济学家研究发现，市场上的企业主体还是以既有企业为主，新创企业比例不大，而且死亡率越来越高。所以说，创业还是要先想着自己公司怎么活下来，不能总想着颠覆。

创业不一定非靠创新，依靠模仿和复制也能成功。在没有做好准备就盲目创新则会使公司面临更大的风险，复制则能规避这种风险。公司可以集中精力抓好运营。这方面成功的案例很多，像 QQ、淘宝、京东等，他们早期的商业模式其实都来自模仿和复制，而不是创新，将美国的互联网模式复制到国内，而近几年，不少出海的创业者又把同一套做法复制到东南亚。

早在 1989 年，就有美国人对 500 家高增长创业公司进行了研究，发现只有 12% 的创业者认为他们的成功来自创新，其他 88% 是因为高效的执行。所以，创业如果太迷信创新的话，可就大错特错了。

第四个坑：误认为所有人都能成为成功的创业者。

虽然理论上讲，如今人人都可以创业，但是创业成功还是属于少数人，创业的风险因素真的非常多，大部分创业者都是炮灰。

比如，北京的餐厅大概有 20 余万家，每年几乎都会更新将近一半的门店，也就是倒闭七八万家。每年又不断有新人入场，而每个入场的人都觉得自己一定会成功，现实又会给毫无准备就盲目创业的人一记耳光。

后 记

很高兴，你能把内容翻阅到最后，希望我的这些沉淀分享，至少能有某一句话对你有些启发。

我在游学访问了一些全球名校后，对比下来，发现国内教育最大的差异是过于注重分数结果，这在特殊国情之下确实利大于弊，但在教育中缺乏对推导过程的引导，确实非常遗憾。

如果你只是知道术，而不知背后的道，那将不会具备迁移的思维能力，当下全世界每天产生的信息量，比之前数千年之和还多，我们无法无穷尽地获取信息。

即使 AI 时代来临，诸多底层规律仍是不变的，这些思维模型，更应该引起关注。

直到去商学院读 MBA 课程，我才知道大学毕业后再想读书学费竟会如此昂贵，而我的那些授课老师在高校里讲课时也常面对着昏昏欲睡的同学。

大学期间的学习，可能是你一生中最后一次花大段时间在学习上的时光，而我们所遇到的大学老师，很可能是这一辈子能遇到的段位最高的人。

不知谁说的不挂科的大学生活不完美，让挂科、翘课的学生不以此为耻，反以此为荣，似乎好好学习就无法在大学期间凸显自己的个性，简直是误人子弟。

我们想要叛逆，走自己的路，这没有任何问题，但我一直觉得真正值得骄傲的是：你做到了他人无法做到的事。

如果你还未毕业，趁着还在校园的时间，珍惜当下的时光，好好学习，打磨自己；如果你已经步入职场，也不用遗憾。因为，种一棵树，最好的时机在十年之前，其次就是当下！

孙　凌

2025 年 3 月

推荐语

和孙凌相识十多年，从超级课程表到后续美团、智联招聘等多家企业负责校园工作，从创业到职场，相信他的思考，对大学生有足够多的启发，觉醒认知从实践开始！

——余佳文，超级课程表创始人

大学生认知觉醒是跨越校园与职场鸿沟的关键，孙凌老师这本书以实战视角，打通个人品牌塑造与职场进阶路径，为大学生提供了一本不可多得的成长行动手册！

——杨晓锋，闻锋而起主理人，校导网创始人

从大学到职场，面对这一人生关键转折点，我相信孙凌是最有发言权的人之一，他从事大学生工作十多年，去过三四百所高校，用上万个案例凝练成这本书，希望阅读完本书的朋友可以找到更适合自己的路。

——张辰旭，美团外卖全国高校业务前负责人

本书从一个资深大学生业务从业者视角，全面阐述了学生走出

校园，应对身份转变的方法和历程。文章深入浅出，理论扎实，案例丰富，是一本非常实用的大学生职场宝典。

——齐放，智联招聘校园及国际业务事业部高级总监

认知觉醒的本质，是对自我的深度觉知与对规律的清醒洞察，如果你厌倦了"道理都懂却无力改变"的现状，孙凌老师这本书将是你从学生成长为职场达人的一份觉醒指南。

——王东，贝壳找房经纪人增长中心前全国校园负责人

从学生思维到职场思维的跨越，是一场认知的觉醒之旅。本书直击当代年轻人面临的成长痛点，以系统性思维拆解认知升级、个人品牌打造与职场跃迁的核心逻辑。作者以十余年职场深耕经验，提炼出一套可复制的成长方法论，助你摆脱同质化竞争，在不确定时代打造不可替代的职场竞争力。这不仅是一本成长指南，更是一场思维革命，重新定义你与世界的关系。

——田瑛，京东直播业务负责人，京东垂类业务前负责人

孙凌老师是一位从未离开过校园市场的职场人，从校园咖啡馆创业开始，历经超级课程表、智联校园、京东校园等多段奇妙的职业旅程，出走十多年，归来仍是那个少年！本书是他心路历程及职业成长经历的还原，内容鲜活、真实、诚恳，在当前学历贬值、就业压力越来越大的情况下，尤为应景。推荐即将步入职场的大学生，都读一读，也祝福每一位年轻人，都能丝滑切入职场，开心、赚钱、成长！

——李新德，万能小 in 创始人

从公众号文章，结识孙凌老师，他长期深耕大学生业务，2023

年他来厦门做校园业务顾问，有机会合作一起出版《实战大学生创
业》一书，这本新书《觉醒认知》从底层逻辑、认知角度出发，给
大学生打开了另一扇门。

——张栋伟，资深互联网人士，市场营销专家，

大学生就业创业导师

　　思维决定高度，认知影响深度。孙凌老师深耕大学生职场进阶
培养近十年，从学生中来，到学生中去。高校在校大学生如何找到
自己的职业方向和职业定位，如何打造个人的职业品牌和职业影响，
如何在学历教育的基础之上，增强思维教育和认知教育，这是影响
大学生职业发展的必经之路。期待这部作品，能够让更多大学生打
开眼界，提高认知，拓展思维，进而实现个人追求和价值塑造！

——单兴华，中顺洁柔董事长助理，《校园市场》

《下沉市场》作者

　　孙凌专注大学生成长与职业发展，以实战经验凝结《觉醒认
知》。书中聚焦认知提升、个人品牌与职场进阶，干货满满、实操性
强，是大学生从校园到职场的"成长加速器"。助力每一位年轻人觉
醒认知，在实践中不断成长，迈向属于自己的理想职业之路。

——曾舒煜，实习僧CEO

　　这可能是你大学期间最该读透的一本书！当象牙塔的晨雾撞上
写字楼的玻璃幕墙，多少理想碎成迷茫的棱镜？与其在迷茫中试错，
不如让《觉醒认知》成为你的认知导航仪！孙凌老师将上万份案例
淬炼成认知跃迁的密钥，每一页都是可落地的成长方案，用"认知
觉醒""品牌锻造""职场通关"三棱镜，折射出专属于"Z世代"的

职业光谱。

——孟令峰，互联派创始人兼 CEO

在认知觉醒中重塑思维，在个人品牌里点亮价值，这是一本职场新人打破职场天花板的加速手册。作者将各行业验证的实战智慧凝练为方法论，从学生思维到职业跃迁，从技能打磨到认知升维，翻开它，你拿到的不仅是通关地图，更是撬动未来的认知杠杆。

——吴斌，印萌 CEO

在这个 AI 改写规则的时代，认知力才是真正的硬通货。从校园到职场的思维迁移不是简单的身份转换，而是一场认知系统的底层重构。这本书汇聚了孙凌老师从校园创业到企业高管的成长之路和思考心得，为即将踏入社会的年轻人架起从理论到实践的认知桥梁。那些看似抽象的概念，在书中都化作可执行的思维工具和策略方法——这或许就是职场导师与普通作者的本质区别。

——朱晓明，今日校园营销智库创始人

给迷茫大学生一束灯光，给职场进阶一份导航，本书作者以个人经历和实战经验，给万千学子带来人生成长的关键觉醒，即打破固有思维陷阱、构建个人品牌势能，增强职场竞争优势，好的人生一定是可以提前规划的，本书值得每一位青年人学习。

——邓志成，忆星集团总裁、良师前程品牌创始人

我和孙凌相识多年，从超级课程表开始，他便笔耕不辍，始终聚焦校园市场和大学生职业成长话题，实属难得也颇为不易。市场需要这样的坚守者，更需要这样基于实战输出真知的摆渡人。这本

书，正是他多年坚守和实战的经验萃取，对当代大学生来说具有很强的指导性和借鉴价值。

——苏登光，湾创智策董事长，教育部全国高校毕业生
就业创业指导委员会委员

大学生和社会新丁破题成长指南，孙凌坚持多年的积累，再次将多年实战案例凝练，用故事思维重构简历，用"非暴力沟通"化解冲突，将经验转化为资产，助大家完成从校园到职场的认知跃迁。

——孟广，宜宾人才发展集团副总经理

这是一本由深耕校园市场十余年的实战专家为大学生量身打造的认知跃迁指南。从自我定位到个人品牌塑造，从职场法则到进阶心法，作者作为操盘过数十个校园项目的资深从业者，基于数百家企业用人标准，用鲜活的案例和可复用的方法论，帮你少走弯路。如果你正在迷茫如何从"学生思维"转向"职场思维"：这本书就是你的认知加速器。

——李超，宇琪同程合伙人，智联招聘交付中心
前负责人，前斗米运营总监

本书帮助大学生破解成长误区，建立多维度的就业及职业发展认知能力，指导大学生打造职场硬核竞争力，以及铸造高情商表达框架，化解人际冲突。提供个人品牌打造方法论与职场跃迁工具包，拆解各类案例，帮助大学生突破思维茧房，构建差异化竞争力，实现从校园到职场的无缝衔接。孙凌将多年的职业发展积累和深入大学生生涯发展的落地实践经验完全浓缩在本书中，从认知升级到实践落地，帮助大学生突破成长，是非常值得大学生朋友们深度学习

的一本好书！

——杜然，猎聘全国高校关系总监

实践出真知，同样作为深耕高校市场近 20 年的从业者，本书汇聚了孙凌个人及行业的实践经验，可以有效帮助大学生打开视野，提高认知，少走弯路，强力推荐！

——任海伦，新开普电子股份有限公司营销总监

在人生的十字路口，你是否也渴望遇到一位引路人？《觉醒认知》作为照亮成长迷雾的灯塔，作者孙凌老师深耕校园市场十余年，正是用这本心血之作搭建起成长的桥梁。书中不仅凝结了他辅导上万名大学生的实战经验，更藏着让职场新人少走弯路的认知密码。

——吕白，A 股上市公司副总裁，

福布斯、胡润 U30，畅销书作家

联结学校和社会，是大学生面临就业的第一课，如果在这一课里拥有深耕学生职场进阶培养的导师做指导，你可以避开非常多不必要的坑，孙凌就是这样的导师。

——黄诗琦，某互联网"大厂"工作九年商务运营

孙凌在大学生就业指导领域可谓专家，长期深耕一类人群，更难得的是他一直能与学生打成一片。本书融入诸多真实案例，想必能给大学生朋友们带来许多启发。

——袁珊珊，阶跃星辰品牌负责人，小红书前公关总监

当教育惯性遭遇职场现实，每位年轻人都需要一场认知觉醒。作者以真诚的笔触拆解成长盲区，既有破局学生思维的锋利洞察，

也有构建职业品牌的实用指南，这本职场进化手册，值得成为你毕业行囊里的特别装备。

　　　　　　——陈翔，湖北省人力资源学会人才发展委员会常务理事

　　当象牙塔的纯粹遇见职场的纷繁，年轻人最需要的不是鸡汤而是指南针。孙凌老师以十年深耕校园市场的敏锐洞察，凝练出极具操作性的方法论。这本书拆解了学生思维到职业思维的蜕变路径，更是一把开启终身职业竞争力的金钥匙。每一位即将踏入职场的年轻人，都需要一次认知的"版本升级"。

　　　　　　——王铜，多家上市公司考研项目总监

　　站在人生跃迁的临界点，你是否也在寻找成长困局的密钥？孙凌老师以深耕校园市场的深厚积淀，淬炼出这部专为新时代青年定制的成长突围手册。书中不仅浓缩了作者与上万名学子深度对话的智慧结晶，更将认知跃迁拆解为可复制的行动模块，这本书将为你打开成长维度的新启蒙，在职业起跑线上实现认知层面的"抢跑"。

　　　　　　——段权恒，互联网行业百万猎头顾问

　　从校园到职场，每一次认知觉醒都是一次蜕变的开始。这本书用最接地气的成长逻辑，帮你搭建个人品牌护城河，掌握职场跃迁的底层代码。

　　　　　　——谢田宇，京东校园俱乐部负责人

　　成长不是焦虑地追赶，而是清醒地规划。这本书没有贩卖焦虑，只有像学长一样地真诚分享：从认知破局到职场扎根，陪你攒够"慢慢来"的底气，也给你"冲得动"的勇气。

　　　　　　——曾东威，某国企 AI 产品经理

　　从校园到职场的蜕变，藏着课本外的关键一课：如何高效沟通、快速适应规则、规划成长路径？这些学校没教的"生存必修课"，都在孙凌基于多年职场人访谈凝结的"觉醒认知"里。书中拆解真实案例，直击新人盲区，用一线经验帮你补上"社会学分"，让职场起步少走弯路——这不是理论说教，而是过来人倾囊相授的成长攻略。

——彭晓飞，央企售前工程师

　　本书是当代大学生在初入职场迷茫成长的指路明灯，帮助越来越多的大学生玩转职场，快速蜕变为一名优秀的职场人，初读此书感悟良多，也感受到孙凌老师对当代大学生的谆谆教诲和殷切期盼。祝愿各位职场新人能够玩转职场，快速成长。

——李博伟，东方财富市场部高校业务经理

　　跟随孙凌老师学习十年，我们更习惯称他为凌总，本书如同一座架设在理想与现实之间的桥梁，书中既有对学生时代思维惯性的清醒剖析，也有对职场核心能力的系统建构，身为留学服务行业工作者，我惊喜地发现：书中讲述的一些底层逻辑，竟与海外求学的生存法则高度共鸣，这不仅是职业启蒙书，更是一份关于"如何成为更好的自己"的长期主义指南。

——黎云龙，喵星留学创始人，超级课程表前校园大使

　　十年前的我，是一名普通本科学生，对未来充满迷茫，却在孙凌老师的指引下，完成了一场从"学生思维"到"职场心智"的蜕变。他常说："人生最大的复利，是认知的迭代。"这句话贯穿本书的始终。书中孙凌老师以犀利的洞察力拆解职场底层逻辑，将"终

身学习"从口号变为可落地的行动体系，将"自律克制"从鸡汤升华为方法论。他教会我们，真正的成长不是线性积累，而是认知的不断破界，从学生到职场人，本质是从"被动接受"到"主动创造"的觉醒。

——马洲，上市公司业务操盘手，超级课程表前校园大使

从课堂到职场的距离有多远？孙凌老师拥有十多年校园从业经验，将全方位的职场认知跃迁，梳理成通关密码，手把手告诉你如何少走弯路，乘风破浪。每一次的迷茫，都是值得觉醒的时刻！

——范陈波，智联招聘学生渠道负责人，
超级课程表前校园大使

孙凌老师以自己为道路，为后来者开路，在长期主义的复利下成就每个人的不平凡。他在书中总结的多年实战经验和心路历程，必将成为当代大学生成长道路上的明灯。

——朱亮，电力行业从业者，甘肃农业大学智联盟前负责人

从学生到职场，孙凌老师一直是我的引路人，这本书涵盖了认知进阶、职场提升，很适合在校大学生阅读。读者看完之后相信一定会大有收获！

——谢海，自媒体人，阅文集团前产品经理，
大连外国语大学智联盟前负责人

2017 年在智联盟初识孙凌老师，他作为我的职场引路人，曾带我创作阅读量破百万的内容、打造个人 IP，奠定职场认知基石。新作《觉醒认知》凝结多年实战经验，聚焦大学生认知破局、个人品

牌打造与职场进阶，干货满满！衷心祝愿孙凌老师的新书大卖，助力更多年轻人开启精彩的职场之旅！

——韩倩文，京东集团运营经理，

中国农业大学智联盟前负责人

大学时认识孙凌老师，读过他的每篇文章，让我的职业发展快了至少三年！希望这本书能让你赢在起跑线上！

——刘泽鹏，河北冀远教育总经理，

河北工程大学智联盟前负责人

大学期间有幸加入孙凌老师发起的智联盟成长组织，学习到了很多职场思维，尤其对"养成一字不落的阅读能力"这句话记忆犹新，并且一直受益。本书浓缩大量实战经验，相信对读者大有益处。

——王玉珂，傲基科技亚马逊运营经理，

中南大学智联盟前负责人

作为一名扎根教育一线的高中信息技术教师，2017 年我有幸加入智联盟。八年过去了，孙凌老师依然坚持在认知成长与青年教育领域持续深耕。这本书内容既贴近当代大学生的真实处境，又具备清晰的方法论。对于正在探索自我定位、构建个人品牌、迈向职场转型的青年朋友来说，它不仅是一份认知地图，更是一次觉醒之旅。

——张凯亮，重庆第三十中学校教师，

重庆邮电大学智联盟前负责人

本书是一本青年人不容错过的成长指南，会让你在阅读的过程中感受到希望的力量，是黑暗中的一束光，是大学生与青年之间一种"传带帮"的传承，让你重新审视成长的意义。

——李汶泽，中国移动广州分公司市场部主管，

广东财经大学智联盟前负责人

感谢孙凌老师曾经的指导，在智联盟的那段时间很充实，每次读他的书（文章）都会有热血沸腾的感觉，通过文字不断触及思维误区上的痛点，能让人的思维转变快人一步，尽早完成学生到职场人的转变。

——王天宇，京东物流财务结算，

苏州市职业大学智联盟前负责人

毕业后三五年阅历，不如孙凌老师的"万事背后皆有逻辑"思维方式来得实在！

——吴兰，河南国五剑销售总经理，

西安欧亚学院智联盟前负责人

大学里学习占一半，另一半是在寻找。读者阅读本书可以学习底层方法论，提前雕刻未来想变成什么模样的自己。

——王宁娜，六安市博文学校教师，

安庆师范学院智联盟前负责人

认知决定你看见的世界，品牌定义别人眼中的你，职场法则考验人性的博弈，三把钥匙开启属于你的前行之路，助力你破茧成蝶，从校园轻松迈向职场！

——李娟，山东文化产业职业学院教师，

潍坊护理职业学院智联盟前负责人

人最大的资本是年轻，年轻意味着可以承受得住试错成本，当意识到这个道理时，我已经不年轻了，但或许此刻也是最好的时机，这本书想必可以给你更多启发。

——李帅威，研三学生，已上岸河南选调，
池州学院智联盟前负责人

本书指出了从象牙塔到写字楼的关键跃迁，孙凌老师用亲身经历为你破解学生思维的"茧房密码"！认知重构、品牌塑造、职场生存，三大觉醒维度助你在毕业前夕抢跑职业赛道。

——李孝文，中国旅游集团房务部秘书，
贝壳找房上海杉达学院前超级实习生

2021年我与孙凌老师相识，那时私域和个人品牌于我而言还是很新的概念，跟随孙凌老师的思维脚步，翻开这本书，从校园到职场的破局之道尽在其中，让你重塑认知、塑造个人IP，解锁职场进阶密码，成为同龄人中的领跑者。

——杨宗昕，扎根校园市场一线，
京东校园俱乐部烟台大学前负责人

四年前在京东校园种下的职场启蒙种子，如今长成了指引后来者的参天大树，书中每段文字都凝结着真实带教经验，是前辈给后辈最真诚的成长礼物。

——魏祥，三只松鼠管培生，
京东校园俱乐部黄山学院前负责人

大一的时候，我就认为选择大于努力，尤其是选对方向，做好规划，不拘泥于眼前，坚持做难而正确的事，这句话也是孙凌老师常常教导我们的。迷茫是因为对未来的焦虑，看不见的未来，愿您读完这本书之后，能摆脱困境，找到自己前进的方向！

——任鑫辉，归方传媒 CEO，

InSchool 校园社区前山西负责人

有幸成为孙老师的学生，我亲历蜕变，深知孙老师对大学生成长的深刻见解！无论你是迷茫的大一新生，还是即将踏入职场的毕业生，翻开《觉醒认知》，带你在成长赛道快速突围！

——张筱域，阿拉善高新技术产业开发区第二小学教师，

InSchool 校园社区前内蒙古负责人

第一次读到孙凌老师的文章，便被他的文字所吸引，我相信任何有一定规模的业务，都会有"教父级"的人物在引领这个行业向上。孙凌老师从事校园业务多年，在这一行业有着很深的积累，这本必读指南汇集了他在业务一线的思考精华，帮助学生加速向职场达人的转变。

——李强，某央企财务主管，

InSchool 校园社区前上海负责人

用商业思维经营大学时光：最全的商业思维知识变现路径，这本书让你在毕业前攒够别人五年的工作经验值！

——李从宇，安徽逆时针文化传媒总经理，

InSchool 校园社区前安徽负责人

如果重读大学，我会带着这本书：它教会我用运营思维重构学习，用创业心态经营成长，这才是认知觉醒的正确打开方式。

——方世栋，孙凌学生，

InSchool 校园社区前湖南负责人

从校园到职场，如何快速蜕变？"认知觉醒＋实战技巧＋思维升级"，打破学生思维壁垒，助你掌握职场生存法则，孙凌老师这本书将为你按下职业成长的加速键！

——吴德华，

四川省创新创业促进会专委会原秘书长，Hi 实习前主理人